经广东省中小学教材审定委员会 2018 年复查通过

全国教育科学"十一五"规划教育部重点资助课题成果【GHA093021】
广东省教育科学"十二五"规划强师工程重点项目成果【2012ZQJK021】

研究性学习基础

主　编　彭锻华　刘晓晴
执行主编　刘晓晴

SPM
南方出版传媒
广东人民出版社
·广州·

图书在版编目（CIP）数据

研究性学习基础/彭锻华，刘晓晴主编. —广州：广东人民出版社，
2015.1（2020.7重印）

ISBN 978-7-218-09795-4

Ⅰ. 研… Ⅱ. ①彭…②刘… Ⅲ. ①高中-教学研究 Ⅳ. ①G632.0

中国版本图书馆 CIP 数据核字（2014）第 273922 号

主　　编	彭锻华　刘晓晴
执行主编	刘晓晴
编写人员	邵亚坤　曾澄福　于　敏　王大全
	曹纲跃　古和添　陈福玲　杨　军
	杜　翀　郑百易　张毓中

YANJIUXING XUEXI JICHU

研究性学习基础　　　　　　版权所有　翻印必究

出　版　人：肖风华

责任编辑：梁　晖
责任技编：吴彦斌
美术设计：古雯瑶

出版发行：广东人民出版社
地　　址：广州市海珠区新港西路 204 号 2 号楼（邮政编码：510030）
网　　址：http://www.gdpph.com
印　　刷：佛山市浩文彩色印刷有限公司
开　　本：787mm×1092mm　1/16
印　　张：11.5
字　　数：25 万
版　　次：2015 年 1 月第 1 版　2019 年 7 月第 2 版
印　　次：2020 年 7 月第 6 次印刷
定　　价：25.00 元

序 言

一片片叶子从空中落下，拾起一片青嫩的放在石板上。拿一把鞋刷子对着叶子的背面轻轻敲打，薄薄的叶肉化为叶浆，留下的便是清晰可见的叶脉了。举起它对着阳光，优美的叶脉网络尽显眼前，"我的好看！""我的才好看呢！"……

孩提时代的嬉戏玩耍，无拘无束的好奇和着迷，构成了我们与大自然的亲密接触，也构成了我们最原始自然的学习方式。今天看来，那优美的叶脉分布，正是"自然选择"的最佳输送模型，沿着这个思路，计算机仿生学研究成果惠及建筑设计、物流运营等广阔领域。

在出于好奇的随意探究与理性的专业研究之间，《普通高中课程方案（实验）》为高中生开辟了一个新地带——研究性学习，一个可以自由飞翔的学习空间。在这里，感性知识与理性知识、实践知识与书本知识、各学科知识以及知识与技能可以实现有机的结合；观察发现问题的能力、识别处理信息的能力、自主性学习的能力、社会交往的能力、合作协调等诸多能力可以得到提升。

研究性学习作为必修课程进入每一所中学，尚缺乏操作性指导，本书的编写就是有意承担起这份责任。本书力求用新颖的体例、鲜活的案例、生动的语言，从学生知识背景出发，通过问题空间的创设，吸引学生进入问题情境，引发学生的思想火花，唤醒、激发学生自然天性中蕴藏着的探索的冲动，培养学生敢于质疑的个性品质，培养学生对学习与探究的终身热爱，培养学生求真务实的工作作风和人生态度。本书突破了传统学习用书的单向性，在强调学生与文本之间的互动方面有新的突破，同时为新课程的教学实施提供了典型的范例。

哈佛大学师生中流传着一句名言："教育的真正目的就是让人不断提出问题，思考问题。"书中的案例是他人的问题，他人的思考，他人的探索，他人的成功，但只要我们乐于思考，善于思考，身体力行，下一步就会有我们自己的成功。

年轻的学子，让我们开阔视野，开拓学习资源，投身到探究实践中去吧，体验研究实践的困惑与挑战，体验合作的愉快与力量，在争鸣、反思中学习，享受在理论与实践之间的不断提升，享受探究的成功，享受自己的成长。

智者说，这个世界既不属于有权的人，也不属于有钱的人，而是属于有心的人。有心的地方，就会有发现；有发现的地方，就会有欣赏；有欣赏的地方，就会有爱；有爱的地方，就会有美；有美的地方，就会有自由；有自由的地方，就会有快乐！如果说学习方式就是人的存在方式，我们相信，随着新一轮课程改革的深入开展，研究性学习活动定会给教育带来真正的解放，给学生带来自由，带来快乐，能从本质意义上提升一代人的生命质量。

编　者
2004 年 6 月

再版序

本书初版是在高中新课程实验背景下编写面世的，五年多来，以其较强的针对性和实用性受到了广大师生的欢迎，对推进高中新课程实验，特别是对研究性学习课程的有效实施发挥了重要指导作用。此次，我们在对广东地区高中新课程实验样本学校研究性学习课程实施情况调研基础上，听取教材审定专家意见，进行了修订，并更名为《研究性学习基础》，使之定位更加明确，即作为高中学生进行研究性学习的基础性指导用书。

修订时精选更新了部分选题案例，使之更具时代性，突显区域性。在继续保持贴近生活这一优势的基础上，进一步加强了对基础知识学习过程中的科学指导，对关键知识方法的点拨指引，语言更为简练准确，富有逻辑。本修订版增加了《知识梳理》栏目，补充介绍了目前关于研究性学习的网络资源平台，对《能力挑战》栏目内容作了较大调整，开拓了学生的思维空间和认知视野。

本修订版彰显了高中新课程"三维"目标，突出了研究性学习课程的"师生合作开发"特征。在明确高中生读本的定位基础上，注意对教师的基础性教学活动给予更多实际帮助；在引导师生关注研究活动的操作方法之同时，特别关注这一过程中学生的情感体验、精神支持与价值取向。同时，尽可能在分解性的实践活动、综合性的研究活动中，对基础水平偏低的学生给予关怀、支持。

研究性学习是一门实践性很强的课程，我们期待每一位高中学生，在所参与的学习实践中增长才干、幸福成长。同时，我们也真诚地期待来自一线教师、相关领域专家的批评与指导。

编　者
2010 年 1 月

第三版序

　　研究性学习是学生基于自身兴趣，在教师指导下，从自然、社会和生活中选择确定专题进行研究，并在研究过程中主动获取知识、应用知识解决问题的综合性实践活动。教育部颁布的《普通高中课程方案（实验）》指出，"研究性学习活动是每个学生的必修课程，三年共计 15 学分"。

　　本书作为广东省试验教材，在实验区已使用三年。根据广东省教材审定委员会专家意见及实验学校反馈意见，本次修订一是对教材的结构与体例做了较大调整，以建构更为科学、严谨的基础知识体系。如将原书第一篇"研究性学习的基础知识"和第二篇"在真实的研究实践中学习"部分内容合并，构成教材的主体部分。二是继续保持对研究性学习活动中的人的关怀，以实现整体背景下的情感态度引领。如设置"支持岛"、"援助站"栏目；将反映学生实践过程及成果的鲜活资料收编于附录一"伴随研究性学习的时光"和附录二"在真实的研究案例面前"。

　　教材中引用的事例、日志、随笔等文段，主要来自各实验学校的学生、教师及管理人员。他们在各自视角下对研究性学习活动的观察，为本书增添了人文色彩。本书在各引用文段后署作者名，特此鸣谢。

编　者

2015 年 1 月

目　录

从某种意义上说，发现问题、提出问题比解决问题更重要。人类文明进步的历程表明，科学上的突破，技术上的革新，艺术上的独创……无不是从问题提出开始的。

下图是一个关于遭受网络欺凌方式的访问结果。同学们关注或遭遇过网络欺凌吗？对这样的访问结果，是否感到出乎意料呢？其实生活中有很多问题，由于受看待问题的立场、视角、途径等局限，我们常常会察觉不到它的存在。希望通过本章的学习，能使同学们摆脱视角的束缚，发现更多值得研究的问题。

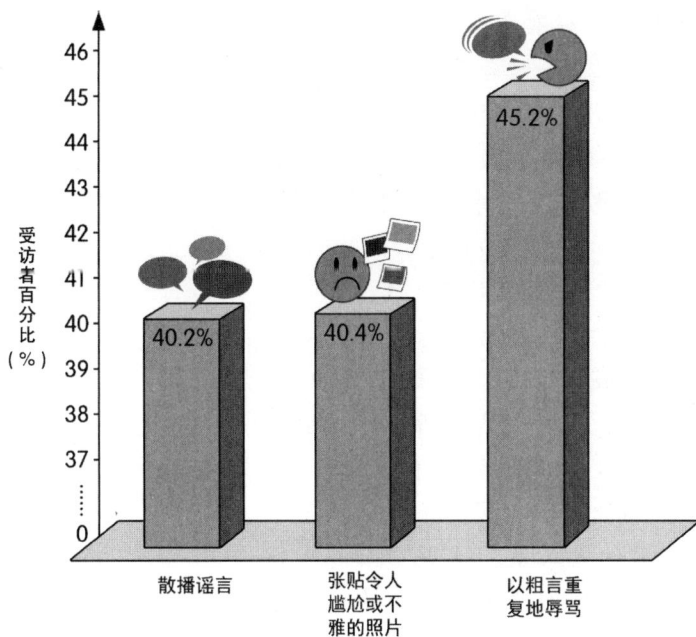

受访者百分比（%）

46
45
44
43
42
41
40
39
38
37
0

40.2%　　　40.4%　　　45.2%

散播谣言　　张贴令人尴尬或不雅的照片　　以粗言重复地辱骂

一、物理课上发生的事
——在体验中发现问题

学生们订购的《文学名著精选》到货了，需要学生下楼把书搬上来。课正上到兴头上，我心里再不情愿，也不好表露什么，马上安排了六个壮实的男生下楼搬书……好大的两箱书，分量自然不必说。

搬书这种事从来轮不到女生干，但为了加深她们对"力"的理解，我动手推了推书箱，心里想："机会来了。"

"好，男生接着做题，全体女生出来！"我站在教室门口下令了。"快，快点！"在我的催促下，一脸疑惑的她们站在了走廊两边，中间摆放着男生们刚刚抬上来的那两只书箱。

"搬箱子的活男生干了，我们现在来拉箱子！"女生们笑了，我又来给她们补"体验"课了。

先上来的两个女生各拉了一只箱子，稍稍用了点力就拉动了，退着走了一大段，还行！

"把箱子推回来！"这下惨了，她们用尽力气，那箱子就是纹丝不动。直到她们蹲下来沿水平方向推，那箱子也不给什么"面子"。（刘晓晴）

直到轮到我，才真正领会老师的用意。

我没有费太大的劲儿，就把书箱沿着走廊的地面拉动；拉了一段距离后，我停下来，想把它推回去，本以为也很 easy，奇怪的是书箱居然不听话，一动也不动，即使我用尽全身力气，书箱也还是不怎么移动。

"为什么同一套书，同一体积，同一质量，只是所用方式不同，所表现出来的效果便不同呢？而且我推书箱所用的力气比拉书箱所用的力气更大，为何书箱还是纹丝不动呢？这究竟是什么原因？"（方燕玲）

平行事例

中午吃过饭，我看到一只苍蝇在客厅里到处乱飞，可又找不到苍蝇拍，于是我随手拿起浇花用的喷水器喷它。苍蝇被水喷到后，翅膀沾了水就飞不起来了，只好到处爬，我接着再喷，发现不一会儿苍蝇就不动了。喷水竟然比苍蝇拍还管用！但我还不明白，是因为苍蝇怕水，还是因为喷水器的冲力把苍蝇暂时冲晕了呢？（杜　晔）

七嘴八舌

A："拉"箱子更省力？我怎么没觉得？

B：……

C：那天我帮老师发试卷，手被试卷划破了，我就发现了纸与刀有相通之处。

D：住宅门上的"猫眼"，从里面可以看到外面，从外面却看不到里面。不是光路可逆吗？

E：……

学一学

在研究性学习活动中，首先是问题的发现和提出，然后才是寻找和思考解决问题的方法。问题的发现和提出是研究性学习活动的起点。但对于平时习惯于被动地完成老师布置的作业的我们来说，要一下子从被动学习转变为主动学习，要主动发现和提出问题，感觉一时无从下手。其实，我们每一个人都是生活在"问题"之中。套用一句名言：生活中不是缺乏问题，而是缺乏发现问题的眼睛。如：在主题事例，同样是移动箱子，推和拉的效果却截然不同，为什么？平行事例中的情况你肯定也碰到过，如果你看到苍蝇不能动弹了，你是否有类似的疑问产生呢？

学会发现和提出问题的方法和途径有很多，其中在体验中发现问题就是一种。体验是指亲自处于某种环境而产生感性认识，它贯穿于我们日常生活和社会实践的点滴之中，可以说我们每天都在体验。从体验引起的关注或困惑中，发现和提出问题，是开展研究性学习发现问题最直接、最主要的途径。

但是，同样的每天都在体验，为什么有人能发现问题，有人发现不了问题；有的人的问题有研究价值，有的人的问题则没有研究价值？这与人的观察力、思维能力以及知识储备都有关，但更与人的怀疑精神、反思意识有密切关系。当然，冰冻三尺，非一日之寒，观察力、思维力的提高和阅历经验的丰富，需要日积月累，但怀疑精神、反思意识的提高却是可以从现在开始做起的。只要从现在开始，加强对每天生活体验的注意，不轻易放过生活体验中的蛛丝马迹，多问问"是什么""为什么""会怎么样",也许问题就来了。

试一试

下面有两个实践活动项目，请你选择一个进行实践。要求：从实践中发现问题，并记下活动（工作）日志。活动（工作）日志可以包括这样一些信息：记录者、记录时间、活动（工作）的主要过程、遇到的问题和思考、重要的心理感受等等。

1. 周末或假期，请你到科技馆看看、到游乐园玩玩，在看或玩的过程中，你能发现什么问题。

2. 抽出时间走进厨房，尝试着动手为父母做一顿饭，并记录自己在做饭过程中遇到的困惑及解决办法，邀请父母对自己在做饭过程的表现给予评价。

评价要点

1. 是否从实践中发现了问题。
2. 考虑问题的真实性和价值性。
3. 可以记录实践简况及心理感受。
4. 与家长对话中能否得到收获。

二、他上课总走神
——在观察中发现问题

注意我的同桌周南有好几次了，上课时，他总是很专注地盯着老师，点点头，皱皱眉，很认真听课的样子，时不时脸上泛起一丝微笑，让人感觉有点奇怪。

今天上课时，老师说了一句很有趣的话，大家笑得前仰后合，周南却很严肃。我好奇地问他为什么不笑，他说："我还没想好呢。"我忽然明白了他平时上课时的种种怪表现——他在走神儿。

……

第二节课后，我和周南一起回家。不由得提起了那天的事，我问："周南，那天上课时，你想什么呢？"周南不好意思地笑了笑："其实上课时我经常想到其他的事儿，而且想的时间还特别长，想着想着就没边了。有时一节课，实际上什么也没学到。"

听了周南的话，我陷入了思考。其实，我和他一样，上课时也经常走神，我想同学们也肯定有这种情况，人为什么上课时喜欢走神呢？有没有克服它的好办法？（邵亚坤）

平行事例①

秋天到了，一片片叶子从树上落下，踏着满地松软的落叶在林中漫步，忽然发现它们好像都是个个俯卧在地上（光亮的一面朝下），真是这样吗？别的树的落叶，也是这样吗？我又去四周看看，好像都是如此，这其中有什么规律呢？（田晓丽）

平行事例②

那天到鸡棚捡蛋，一下捡到了四只，真高兴！我看着手中的这四只鸡蛋，忽然纳闷起来：鸡蛋为什么一头大一头小，是大头一边先生出来还是小头那一边先生出来？

为了弄清这个问题，我每天一放学就立刻赶回家，蹲在鸡棚旁静静地观察，妈妈叫我吃饭我也不理……两个多月以后，我写出了小论文《鸡蛋是大头先出母体》。

老师和同学们都称赞我，还说这是鸟类文献中没有记载过的新发现。可是鸡蛋为什么是大头先出母体呢？（何　骥）

A：上学的路上也有很多落叶，从来没有注意过哪一面朝下，放学后我一定要去看看。

B：研究"走神"的规律，应该很有用哟！

C：平行事例②的作者在鸡棚里观察，态度可敬！

D：蚂蚁为什么不喜欢在有盐的地方？！

E：我爸让我把手泡在盐水里试试？

F：……

学一学

在我国的北方为什么冬天要将自来水管包扎起来？太阳在升起和落山时，为什么偏红色？"流星"是怎么回事？水面上的油膜为什么是彩色的？之所以在我们的头脑中会产生如此多的为什么，应该说，眼睛是最大的功臣。大量的"问题"，就是通过眼睛发现的，这就是观察。观察是一种有目的、有计划、比较持久的知觉活动。我们在观察中发现的是"事实"，对"事实"存疑或不解，就是"问题"，对这些问题进行分析、归纳和提炼，就可能成为我们研究性学习的课题。

世界著名的生理学家巴甫洛夫，在他的研究院门口的石碑上刻下了"观察、观察、再观察"的名句，以此来强调观察对于研究工作的重要性。历史上许多重大的发现都离不开观察，如牛顿观察苹果落地的现象发现了万有引力定律。学习文化课也需要学会观察，如通过对物理、化学、生物实验过程和结果的观察建立概念规律；研究性学习，更需要观察，通过观察，可以发现千姿百态的各种问题。

学会在观察中发现问题，第一，必须唤醒我们的好奇心。如果我们对某一事物好奇、有兴趣，就会认真观察它、琢磨它，很多发明创造，都开始于对某一现象的好奇。平行事例①中那个发现一棵树的树叶都俯卧着（树叶光亮的一面朝下）的同学，又去看其他树叶是不是也这样，无疑是受好奇心的驱使。第二，就是带着目的、任务去观察，会使我们在观察过程中更加认真和仔细，更容易产生疑问，从而找到问题。要带着目的和任务去观察，需要我们多留意从平时的无意观察中获得的信息和映象，通过质疑、联想，从中初步确定需要进一步观察的目的和任务，并在进一步观察中根据实际情况加以调整，从而使得整个观察活动始终在不断清晰的目标牵引和任务驱动下持久深入地进行。比如，同学们回家、回课室可能需要上下楼梯，有没有留意过一次要走多少级台阶呢？如果在平时上下楼梯时，能够联想到火灾逃生，就会有的放矢地去观察，不仅搞清楚台阶的数目，也许还会发现并提出在发生火灾的危急时刻，怎样避免混乱，有序组织各楼层人员疏散的问题，再深入观察，进一步搞清每层之间阶数、每过几阶有拐角、迈步的大致幅宽，写出安全逃生指导手册。第三，要把观察与思考结合起来。首先，要尽可能通过眼睛、耳朵、鼻子、肢体等感官直接感知事物，分析辨别事物的组成部分及其特点，运用综合认识组成部分之间的相互关系，得到被观察的事物的整体映像。其次，要将观察得到的事物映像与头脑中已有的其他事物的映像进行联系和比较，在建立联系、对比异同的过程中，触发疑问的产生。

试一试

1. 认真观察校园、家中或公园的花草，在一定时间里做好观察记录，你会发现一些乐趣和问题。

2. 同学们每天都背着书包上学，观察一下就会发现，每人背书包的方式不尽相同。动手记录下各种背法并分析各种背法的优缺点。

3. 你观察过海边房子门窗的金属结构吗？与自己家里的有什么区别？把自己的观察结果和同学交流一下。

评价要点

1. 是否在观察中发现了问题。
2. 考虑多角度的观察与入微的观察。
3. 考虑观察的积累情况。
4. 考虑同伴观察的交流。

三、书店经营的火爆与艰难

——在比较中发现问题

书店经营调查之一：实体书店经营难

去年暑假，我与两位同学来到了城区西北角的西乡书店，对书店店主进行了采访。

店主对我们十分热情、友善，并不在乎我们是否在此买书，或是怕我们影响他的生意。而是很乐意地告诉我们他开书店的经验。他告诉我们，书店的生意总是很难做的，必须时刻注意新书的出版，而且得慎重考虑是否进货以及进货量的多少。还需要掌握各种书销售的第一手资料。结合各个年龄段的读书需要，不断地更新书店里的书。毕竟书店的命根在于书。书店最难的就是赚钱，一本书的利润很低，一般情况下每本书都必须要有一个保本销量。如果销量下降的话，别说是赚钱，恐怕连店租都交不起了……（张小凡）

书店经营调查之二：三味书屋火爆

在文学领域，恐怕无人不知鲁迅先生的"三味书屋"，而我所在的城区，有一句口头禅"要买书找三味"，几乎所有的人都知道这间火爆书店——三味书屋。

早在十几年前，这里仍未完全摆脱乡镇面貌时，三味书屋就开张了，如今它也快二十岁了，在这座日新月异的城市中，可以算是高龄了。在这些年里，三味书屋不仅经受了风风雨雨的考验，而且越办越红火。面积、规模比初开张时扩大了一倍多。炎炎夏日，它装上了空调，摆上了桌椅、座垫，为顾客提供了一个舒适的购书环境。另外，三味书屋还开了一间网店。三味书屋为什么火爆呢？（吴　奕）

平行事例

今天历史课上，老师讲到，春秋战国时期，诸侯并起，格局变幻……处于社会大变动时期的服饰文化，呈现出百花齐放、绚丽多彩的景象。从春申君的三千食客中的上客皆着珠履；平原君后宫百数，婢妾均被绮披纱；卫王宫的卫士穿黑色戎衣；鲁国的儒者孺服长裙、褒袖方履；到战国盛行的样式新颖、穿着舒适、绣有精美图案的深衣，无不尽显其地方风格与文化风采。

特别是赵武灵王推行的短衣、长裤和革靴——"胡服骑射"，衣身瘦窄、便于活动，加强了赵国军队的战斗力，成为赵国由弱变强的重要因素之一。

老师还给我们展示了几件春秋战国时人们的服饰，让我很是兴奋。自古以来"衣食住行"，衣摆在人们生活必需的首位。想到今天，优越的经济条件，多元跃动的文化，人们的服饰色彩多样，款式繁多，功能迥异。我想，只有思想文化的活跃，才会带来服饰文化的繁荣。可是，两个社会经济背景完全不同的时代，为什么都会呈现出服饰文化的繁荣呢？（李子婧）

A：两则关于书店经营的调查材料好像没有什么可比较的呀，怎么发现问题？

B：我觉得这两家书店的经营成效可能跟它们的地理位置有些关系。

C：……

D：古代人的衣服其实挺好看的，为什么会演变成今天这样？

E：呵！本书第58～62页有大段的服饰研究。

F：……

学一学

比较是通过观察、分析，找出不同事物的相同点和不同点，它是认识事物的一种基本方法。在日常生活中，比较是用得比较多的，"不怕不识货，只怕货比货"，人们买东西就喜欢比较，一比较，优劣贵贱自现。我们在研究性学习中，常常通过对所观察的事物进行比较，从中发现并提出问题。

任何事物都不是孤立的，都是在相互的比较之中显示自己的存在的。运用比较，可以帮助我们认识所观察的事物与已知事物的异同，发现所观察事物的特性或特点，让它与已知事物发生联系。这有助于我们产生问题、发现问题，并确定研究性学习的课题。

运用比较必须具备一定的条件，并不是对任何对象都可以进行比较，只能对同类事物或相关性事物才能比较。比较的种类很多，但主要有类比、对比、纵比、横比四种。类比是性质、特点在某些方面相同或相近的不同事物之间的比较，通过比较它们的异同，由一个事物的特性出发对另一个事物的可能特性作出推测。例如，火星与地球均有水、空气及泥土等有利生物生存的因素，通过对火星与地球的比较，推测火星上可能也有生物。然而，如果我们通过比较发现火星与地球在某些方面存在着差异，如火星上氧气稀薄、气压低及气候不稳定等，推测火星上没有生物，也属于类比。对比是把具有明显差异或矛盾对立的两个事物安排在一起，进行对照比较，找它们的异同点。纵比是对同一事物不同时期、不同阶段的特点进行比较，如平行事例拿古今的服饰进行比较。横比是横向比较，是同时存在的同类事物之间的比较。对所观察的事物尽量从类比、对比、纵比、横比等角度展开比较，往往能产生一连串的问题。

试一试

1. 比较内地和香港机动车方向盘在车内的位置，看看你能不能发现一些问题。

2. 全国人口普查每 10 年进行一次，尾数逢 0 的年份为普查年度。新中国成立以来，我国已经成功进行过 6 次全国人口普查，分别在 1953 年、1964 年、1982 年、1990 年、2000 年和 2010 年。第七次全国人口普查将于 2020 年进行。收集并比较相关数据，你就会发现我国人口年龄结构及性别结构存在的一些问题。记录自己收集数据所采用的方法和途径。

评价要点

1. 是通过比较发现的问题吗？
2. 体会横向比较与纵向比较的异同。
3. 考虑收集、比较与整合信息的过程。
4. 是否在信息整合中提出独立见解。

四、人工珍珠的遐想
——在联想与想象中发现问题

苍蝇是声名狼藉的"逐臭之夫"，嗅觉特别灵敏，远在几千米外的气味也能嗅到。但是苍蝇并没有"鼻子"，它靠什么来"闻"呢？原来，苍蝇的"鼻子"——嗅觉感受器分布在头部的一对触角上。每个"鼻子"只有一个"鼻孔"与外界相通，内含上百个嗅觉神经细胞。若有气味进入"鼻孔"，这些神经立即把气味刺激转变成神经电脉冲，送往大脑。大脑根据不同气味物质所产生的神经电脉冲的不同，就可区别出不同气味的物质。能否根据苍蝇嗅觉器的结构和功能，仿制奇特的微量气体分析仪来测量潜水艇和矿井等处的有害气体呢？科学家们成功了。

平行事例①

将沙子弄入蚌体内，蚌分泌出黏液，可将沙子包住而形成人工珍珠。而牛黄，是混入牛胆囊里的异物所凝集的胆素分泌物，日积月累形成的牛胆结石。湛江海康药业公司的科研人员想：能否像生产人工珍珠那样，在牛的胆囊里植入异物，形成人工牛黄呢？一年过去了，他们真的得到了和天然牛黄一模一样的人工结石——人工牛黄。

平行事例②

美国北部一些地方，冬季严寒，在大雪纷飞的日子里，电线上积满了冰雪，致使大跨度的电线经常被积雪压断，造成事故。针对这个问题，人们提出了各种解决方案。有的人提出设计一种专用的电线清扫机，有的人提出研究电化雪技术，有的人提出利用振荡除雪……都因研制费用大、研制周期长，未能如愿。这时候，有人提出了一个幽默方案：带上大扫帚，乘坐直升机清扫电线上的积雪！这个逗人发笑的设想，立即激起了科学家"一个简单高效清雪方法"的诞生。这个方法是，每当大雪过后，出动直升机沿积雪严重的电线附近飞行，飞机高速旋转的螺旋桨，即可

将电线上的积雪迅速扇落。"扫帚"＋"直升机"，使科学家
顿悟到问题的核心——谁具有"在高处扫"的功能？

A：大自然里藏着很多对人类有启示的奥秘，我告诉你们
　　一个……

B：蚌体内弄入沙子可以形成珍珠，牛体内植入异物可以
　　形成牛黄，用在人体上会……

C：用科学的眼光来看"幽默中的智慧"，是不是一个创造
　　发明的好视角？

D：……

学一学

　　联想和想象都是思考问题的方法。联想就是由某人或某事物而想起其他相关的人或事、由某概念而引出其他相关的概念。如科学家由一截山芋栽插地里可以长出一棵新的山芋而联想到可不可以用此法培育新的动物，从而产生了克隆技术。想象是人脑对已储存的表象加工改造成新形象的过程。因为鸟能飞，所以我们头脑中就有"飞"这个概念，于是我们就在头脑中"鸟飞"的基础上想象出"人飞"的样子和人制造的飞行工具的样子，于是飞机就在我们的想象中诞生了。

　　"想象力比知识更重要，因为知识是有限的，而想象力概括世界上一切，推动着进步，并且是知识进化的源泉。"爱因斯坦曾发出这样的感慨。

　　但联想和想象不是胡思乱想，有价值的"问题"不是乱想出来的，思维有其自身的方法和规律。联想的方法有：相似联想，就是由某一事物或现象想到与它相似的其他事物或现象，进而产生某种新设想。如：四川省有个姚岩松，他意外地发现屎壳郎能滚动一团比它自身重几十倍的泥土，却拉不动比那块滚动泥团轻得多的泥土。姚岩松曾开过几年拖拉机，他联想到：能不能学一学屎壳郎滚动土块的方法，将拖拉机的耕作犁放在前面，而把拖拉机的动力犁放在后面呢？经过实验他设计了将耕作犁前置、单履带行走的微型耕作机，以推动力代替牵引力，突破了传统的结构方式。对比联想，是指对于性质或特点相反的事物的联想，对比联想反映出事物间共性和个性的和谐统一，事物在某一种共同特性中却又显示出比较大的差异，从而形成比较强烈的对比。如由高山想到流水，由黑暗想到光明，忆苦而思甜，都是因对比关系引起的联想，就是对比联想。相关联想，是指由某一种事物联想到另外一些与之在某一方面或多个方面有关联的事物。譬如，某人到上海外滩公园去游览，看到公园里游人如织，大家的欢声笑语回荡在浦江

上空。这时，他想到了七八十年前的上海，黄浦公园门口曾挂着"犬与华人不得入内"的牌子，进出公园的绝不是普通的中国劳动者。这就是相关联想。那个是否能在牛的胆囊里植入异物，形成人工牛黄的"问题"，就是从人工养殖珍珠方法的相似联想中产生的。要"想"出有创意的"问题"，还必须有创造性思维。古代的曹冲没有按通常思路去考虑如何直接称象，而是反过来考虑称与大象等重的东西——石头，用的是逆向思维的方法。一条思路想不出"问题"，换一条思路说不定就能想出来。思维应该是发散的、流畅无阻的，这就要求克服一些思维定势，摆脱传统思维习惯的束缚。

试一试

1. 根据你的生活常识，捕捉案情中的蛛丝马迹，分析侦破下面的案件。

王之涣审黄狗

唐代著名诗人王之涣，在文安县做官时，受理过这样一个案子。

30多岁的民妇刘月娥哭诉："公婆去世早，丈夫长年在外经商，家中只有我和小姑相伴生活。昨晚，我去邻家推碾，小姑在家缝补，我推碾回来刚进门，听见小姑喊救命，我急忙向屋里跑，在屋门口撞上个男人，厮打起来，抓了他几下，但我不是他的对手，让他跑掉了。进屋掌灯一看，小姑胸口扎着一把剪刀，已经断气。"

王之涣问："那人长什么样子？"

刘月娥说："天很黑，没看清模样，只知他身高力大，上身光着。"

"当时你家院里还有别人吗？"王之涣又问。

"除了黄狗，家里没有喘气的了。"刘月娥答道。

"你家养的狗？"

"已经养3年了。"

"那天晚上回家，你没听见狗叫吗？"

"没有。"

这天下午，县衙差役在各乡贴出告示：县官明天要在城隍庙审黄狗。

第二天，好奇的人们蜂拥而来，将庙里挤得个水泄不通。王之涣见人进得差不多了，喝令关上庙门，然后命差役先后把小孩、妇女、老头轰出庙去。庙里只剩百多名年轻力壮的小伙子。王之涣命令他们脱掉上衣，面对着墙站好。然后逐一查看，发现一个人的脊背上有两道红印子，经讯问，是刘月娥的街坊李二狗，正是他行凶杀人。(摘自小鱼社区网《侦探破案小故事集》)

2. 在晃动的长途车内，人很容易犯困，晃着晃着就想睡觉了。而我们周围，忍受失眠煎熬的人越来越多。你能发挥你的想象为失眠患者做点什么吗？

3. 记录自己在各种场合看到五星红旗升起时的联想内容，并和同学一起交流分享。

评价要点

1. 问题是通过联想发现的吗？
2. 想象是否具有合理性。
3. 在同伴思维碰撞中得到灵感。
4. 想象变成现实的困惑或想象实现的愉悦心理。

本章小结

问题是研究的前提，只要我们走入丰富多彩的生活实践中，细心观察我们身边和周围的一切，用心去思考，就会发现问题层出不穷。

发现问题的几种途径
- 在体验中发现问题
- 在观察中发现问题
- 在比较中发现问题
- 在联想与想象中发现问题

能力挑战

1. 一所学校的学生摄影社在摄影实践活动中，甲、乙两组同学分别使用了两种不同的电池进行拍摄，甲组同学用的是 M3 型电池，电池用尽时拍了 583 张照片，乙组同学用的是普通碱性电池，电池用尽时拍了 364 张照片。M3 型电池每节 9 元，普通碱性电池每节 7 元。你从中可以发现怎样有价值的课题？

2. 请仔细阅读下表，从中可以发现哪些重要的问题？请探讨这些问题产生的原因。

年份	发达国家			发展中国家		
	城市人口（亿人）	农村人口（亿人）	城市人口（比重）	城市人口（亿人）	农村人口（亿人）	城市人口（比重）
1920	1.1	5.6	16.4	1.5	10.7	12.3
1940	3.6	4.8	42.9	1.6	13.6	10.5
1960	4.8	6.1	44.0	3.6	15.6	18.8
1980	7.9	4.4	64.2	6.2	25.9	19.3
2000	11.1	4.4	71.6	20	24.4	45.0

3. 通过本章的学习，你发现了哪些以前被你忽视的新问题？是否感觉自己看事物的视角开阔了很多？试举例说明。

第二章 学会选题和制订研究方案

　　良好的开端，是成功的一半。根据选题制订一个相对科学合理的研究方案，可以使研究过程有序而有效。

　　下图中 9 张卡片列出的关注要点，是一群打算研究自己偶像的"粉丝"初步设定的。若以此方向为选题，我们该如何进一步确定研究名称？选取哪几点放入研究的具体内容"文件夹"？选用怎样的具体方法或步骤展开研究？如何使研究更具价值？相信通过本章的学习，同学们对图中示意的"研究方案撰写框架"更为熟悉。

他的人生目标　他的才能　他的成就　他曾遇到最大的挫折　他的成长背景　他的缺憾或不足　他克服困难的办法　他的影响　他成功的原因

必要的开端信息　准备研究什么具体内容　打算怎样进行研究　不厌其详地说明具体方法或步骤　为什么研究研究的意义　其他有关内容

研究方案撰写框架

一、气味引发的研究

——使问题变为课题

那天的化学课"氯气"是在实验室上的。快下课时，徐可同学提出了"为什么自来水有时会发出一股刺鼻的臭味"的问题。罗俊金同学认为，自来水都是用氯气消毒的，所以，闻到的臭味就是氯气的气味。但徐可坚持说那股气味比氯气还难闻，跟氯气是不同的。老师的说法是：平时我们所闻到的自来水的气味确实主要是由氯气发出的，但是偶尔也似乎有另外一种气味盖过氯气，这在某些城市或某些季节显得尤为突出。因此，老师首先肯定了徐可同学能够细心观察和思考发生在身边的现象，并建议对这一问题感兴趣的同学组成一个课题小组，通过查阅资料、调查访问等方式，自己去寻找答案。根据老师的建议，几位同学经过商量，确定了"自来水的异味是怎么来的"的研究课题。（周特斯）

平行事例①

市场主体的多元化趋势带来了人们价值观念的多元化。经济生活的变化及社会价值多元化，对我们的思想道德认识确实产生了深刻的影响。如青少年网络伦理问题等就很是让家长们、老师们担忧；对未成年人道德建设的思考也成为党中央关注的热点问题。作为中学生，应该怎样看待这些问题？怎样树立自身的良好形象？围绕着这些想法，我们确立了"中学生道德行为失范现象与主体性道德建设"的研究课题。（曾印梅）

平行事例②

在2009年甲型H1N1流感疫情暴发后，学校心理学会为了了解中学生面对这一应急情境时所产生的情绪反应和应对行为方式特征，我们在老师指导下编制了"面对甲型H1N1流感的行为调查表"，采用随机整群分层抽样方法，对我市两所中学的初中和高中学生进行了问卷调查。（徐燕如）

七嘴八舌

A："自来水的异味是怎么来的"的课题好是好，可我们行不行啊？

B：第140～145页有他们的研究！

C：自来水为什么要用氯气消毒？还可以用什么消毒？这也可以作为研究主题！

D：……

E：让我们参与制定学校的学生守则是好事，最起码可以引起我们的争论，引发更深入的思考。

……

学一学

　　课题来自于问题，课题研究就是围绕问题来展开的。但并不是所有从体验、观察、比较、想象中发现的问题都能作为课题来研究。课题研究所围绕的问题必须是那些有价值、值得研究而且我们又力所能及的问题。

　　有价值、值得研究的问题一般有以下特点：问题比较明确而且涉及多个变化因素——我们称之为变量，当其中一个或几个变量变化时，会引起其他变量改变；问题涉及某一个或几个学科领域，可以运用相关学科的知识和技能进行研究；问题的研究需要一定的现实条件，这些条件通过努力是能够具备的。参考以上几个特点，学会对各种问题进行甄别筛选，挑选出适合研究的问题作为课题，是开展研究性学习的重要环节。

　　上面的几个事例都比较好地将问题转化为了课题，但从中可以看出，要选出一个或几个问题将其转化为研究课题，还需要注意以下几点：

　　第一，注意将问题进行归类，这将有利于我们确定哪些问题能转化成研究课题以及转化成怎样的课题。根据问与答的要求，可以把问题分为"是什么""为什么"和"怎么办"三种问题。"是什么"一般属于基础知识问题，往往通过到图书馆或上网查找资料即可找到答案，这种问题的解决一般比较简单，通常通过撰写读书报告的研究形式来完成。如："大气污染中主要污染物的构成""机动车尾气对植物的影响"等都属于这类问题。"为什么"属于比较深一层次的问题，解决这一问题需要有一定的基础知识，根据问题设计研究方案或查阅资料，然后通过对资料或实验数据的整理分析，提出自己的观点。如："深圳宝安锦花路下雨天总被水淹的原因""饮茶有益人体健康的原因"等。"怎么办"属于决策类的问题，它不仅要回答问题是什么、为什么，而且要回答怎么办。它要求研究者全面地综合地看待问题，提出解决问题的方案。这类问题的回答，需要有一定的创新意识。

研究所需的时间更长，研究的深度更大、广度也更宽。如："影响空气污染指数的因素及对策研究""某地废电池处理现状及改革方案"等。

第二，应选择有学科或实际意义的问题作为课题，避免选择那些缺乏理论依据和事实基础的主观臆断的问题，以及有损于我们身心健康的问题作为课题，努力实现研究的积极意义和社会价值。

第三，要选择小而难度适中的问题作为课题。大问题一般比较复杂，难于驾驭，不易解答；小问题目标集中，容易把握。选题不要一味求大，对很多小课题的研究往往也会有很重要的发现。

试一试

下面列举了一些问题，你认为对它们的回答是属于"是什么"、"为什么"和"怎么办"中的哪一类？可能由其提出怎样的研究主题？请在表中相应位置画"√"或填写。

问题1：酸雨是什么？ 问题2：酸雨是怎样形成的？

问题3：酸雨对人类有什么危害？ 问题4：如何才能减轻酸雨的危害？

	回答"是什么"	回答"为什么"	回答"怎么办"	可能的研究主题
问题1				
问题2				
问题3				
问题4				

评价要点

1. 体会问题是分为不同类型的。
2. 知道三类研究主题各自的任务目标。
3. 考虑研究主题与现有知识是否匹配。
4. 思考本人更有能力完成的主题方向。

二、我来研究金融危机
——选题要立足于自身占有的资源

高一（7）班的成芳同学主动要求我指导她研究"金融危机对深圳经济的影响"这一课题。面对这样一个题目，我首先为学生"初生牛犊不怕虎"的精神感到高兴，认为其难能可贵；同时，这个题目给我的第一感觉是范围似乎过大，中学生不易把握，这也反映了中学生热情之余的缺陷——贪大求全。从交谈中我得知由于她的父亲是宝安区消费者协会的负责人员，并且她对餐饮业颇感兴趣，于是我趁热打铁，进一步引导，建议她就餐饮业这一现实问题出发，以小见大，思考分析金融危机下深圳经济的动态变化。这样研究范围缩小了，有关信息资源更容易把握。经过协调和讨论，她缩小了原课题范围，将研究课题初步确定为"金融危机对宝安区餐饮业的影响"。（李　爽）

平行事例

　　看到高二（1）班的徐燕如同学交来的《中学生在H1N1流行期的情绪反应和应对行为调查》的报告，"ZUNG焦虑自评量表""SALM6.0专业统计软件"都用上了，我感到很奇怪。"你怎么会想起研究这个内容？""我是学校心理学会的。""焦虑自评量表、统计软件你们都会用？""以前老师做测试时用过焦虑自评量表和统计软件，我们给老师帮过忙，都知道一点。关键是有心理老师做后盾，他随时都可以帮助我们。"

　　他们好会利用资源！

七嘴八舌

A："金融危机对宝安区餐饮业的影响"这个课题也够大的吧？

B：不知道成芳同学打算从哪个角度去研究。是从网上查阅"宝安餐饮业"的资料，还是去餐饮店实地调查？

C：徐燕如同学的调查问卷是如何设计的？会涉及哪些问题呢？

D：……

学一学

　　选题要立足于自身占有的资源，其实就是遵循课题选择原则中的可行性原则。我们从体验、观察、比较、想象中发现的种种问题，有些是具有研究价值的，但能不能作为我们研究性学习的课题，还必须从我们自身所占有资源的角度去考量，把那些我们力所能及的问题选定为研究性学习的课题。

　　如果我们在研究性学习选题时，好高骛远，求全、求大、求难，很容易对课题研究无从下手或半途而废，如："城市污染问题"的外延很广泛，也未确定具体哪一座城市的哪一类环境问题，这类课题对于我们中学生来说，就很难完成，如果换成"深圳宝安区新圳河水污染原因及防治措施探讨",课题研究对象具体,目标明确并且中学生通过努力能够达到,就适合我们做。又如,"中美关系研究"、"《红楼梦》研究",显然,这类课题难度大,需要收集大量的资料,花费时间长,而且对研究者自身的研究能力要求也较高,不适合中学生研究。因此,立足于自身占有的资源进行选题,是中学生开展研究性学习的前提条件。

课题研究是一项严谨求实的活动,我们必须立足于自身占有的资源去分析课题在实际研究过程中的可行性。从主观方面看,自己是否具备课题研究所必需的知识水平和研究能力等;从客观方面看,是否有必要的资料、工具、经费等。具体可以从以下几个方面考虑:

1. 人力:研究兴趣、基础知识、合作伙伴、指导教师等。
2. 物力:研究地点、实验设备、现有资料等。
3. 财力:资料复印费用、调研费用、交通费用、实验费用等。
4. 时间:课题准备时间、实验或收集资料时间、撰写报告时间等。

如果能在研究前考虑这些因素,那么研究过程就不会手忙脚乱。我们可以将研究尽量缩小到自己能应付的范围之内。如果有的条件暂时不具备,还可以去争取,去创造。例如,研究"植物组织培养"这一课题时,没有接种箱怎么办?动手吧!制作接种箱的过程实际上也是在完成另一个小课题研究。充分考虑课题研究的主观条件和客观条件,从自己的学识水平、经验、爱好、时间和精力及与其他人的配合等实际情况出发,我们就能选到真正适合自己做的课题。

试一试

1. 下面列举了一些同学的研究性学习选题。请根据自己在相关选题方向的资源占有情况,从高到低排序:_____。

A. 居民生活垃圾分类回收情况调查　　　B. 房屋建筑质量是如何检测的
C. 设计我们班的班服 logo　　　　　　D. 校内饭堂食品质量情况调查

2. 针对自己心仪的选题,找　找可利用的资源有哪些?
(1) 可以从校内来看,从家庭来看……
(2) 可以从时间来看,从财力来看……
(3) 可以从物质来看,可以从精神来看……

3. 针对自己在第2题三个方面列举的选题找几个同学进行分享,并讨论分析其中哪些课题是可以进行尝试研究的。

评价要点

1. 是否有了心仪的选题。
2. 是否占有较为充分的资源。
3. 期望进一步挖掘的资源渠道。
4. 是否从同伴、家长建议中得到资源拓宽。

三、寄给市长的调查报告
——选题要具有社会价值

2006年11月，深圳市市长接到3名初中学生的来信，信中呼吁"改变本市洗车行严重浪费水的现状"，并提出节水洗车的具体建议。月底，深圳市市长回信3名初中生，对孩子们的社会责任感表示感谢，并承诺将督促有关部门加大对深圳浪费水资源现象的综合治理力度。自此，学生的调查报告掀起了深圳市的"节水风波"。

原来，这3名学生在进行研究性学习选题时，关注到全球性的淡水资源危机问题。他们从生活中的节水，到学校、商铺及企业对水资源的浪费现象展开思考，最终把观察点聚焦到洗车行的用水问题。针对这种严重浪费水资源的现象，他们用了5个月时间，通过问卷调查、实地考察、搜集资料等方式，完成了《深圳洗车行水浪费现象的调查报告》，并将在研究过程中的所感所思抒发出来，写信给市长，为自己城市的发展建言献策。

平行事例

近年来，随着广东居民生活水平的提高，越来越多的居民在闲暇之余饲养宠物。当一个毛茸茸的小动物和你朝夕相伴、心满意足地接受你给它准备的食物的时候，它给你带来了很多的愉悦：耐心地听你唠叨心事，还能带动你每天有规律地运动，结交更多的新朋友……为生活增添了几分乐趣。

然而报道显示，广东省的狂犬病已处于新的高峰期，2008年全省狂犬病致死高达319例。在广东所有法定报告传染病中，狂犬病死亡率占了三分之一，位居首位。这一情况引发了社会各界人士对狂犬病的广泛关注。原来，人感染狂犬病基本上是被唾液中含有狂犬病病毒的动物咬伤所致，而狂犬病是可防不可治的。因此，我觉得进行"家庭饲养宠物的利弊研究"很有必要。

A：选个好课题，学生也能做大事！

B：我们这里的果农常为"丰收但赔本"发愁，做这方面的研究怎样？

C：狂犬病真的不能治？我以后再也不养狗了。

D：怕什么？按时注射疫苗就好了！

E：……

学一学

选题除了要遵循可行性原则，还要遵循以下基本原则：科学性原则、兴趣性原则、创新性原则、需要性原则、探究性原则。

科学性原则是指所选的问题要符合科学原理和事物发展的规律，如果陷入伪科学的歧途，研究便会一无所获，伟大的科学家牛顿晚年时把"永动机"作为研究课题，最终陷入了唯心主义泥坑的悲哀境地。兴趣性原则是指挑选自己最感兴趣的问题，兴趣是最好的老师，兴趣是驱使我们开展研究性学习的最活跃的动因。兴趣会指引我们把研究的题目一步一步地深入下去，甚至取得自己也未曾意料的结果。创新性原则是指所选择研究的问题最好是在自己所在的群体中，别人未曾或尚未完全解决的问题，并且通过自己的研究得到的结果具有一定的独创性和新颖性。需要性原则是指所选择的问题必须满足社会发展需要，符合科技发展趋势，并且问题来源于实际，课题研究具有实效性。

课题的选择可能是多种多样的，但要成为好课题，还必须有探究性。所谓探究性，就是课题需要有足够的探究空间，我们要"跳一跳"甚至"跳几跳"才能"够得着"，而不是一查资料就能找到答案。具有探究性的课题通常融新知学习、实验探索和实践感悟为一体。

为了使所选课题具有探究性，我们不但要关注社会、关注人类所生存的自然环境，还要勤于思考、善于发现问题；不但要掌握当前社会发展的潮流，还要了解未来科技发展的趋势，看清学科发展的方向，尤其要注意边缘科学、交叉科学等领域，那更是一片未开垦的处女地，值得我们去努力探索和研究。

试一试

1. "被污染的河流不仅泛着臭味，河面还浮着不少塑料袋和固体垃圾。"基于这样的观察，你有怎样的选题意向？并对自己的选题从是否与社会、生活以及自己现有的知识能力相适应、是否有研究价值等几个角度进行初步判断。

2. 以下文段是一位教师在听完《环保法庭——谁是污染小河的元凶》一课后

写下的，对于她心中的困惑，你有怎样的思考？

下课了，我心头生出的许多疑惑仍然无法消散：发展的起步阶段是否一定伴随着对环境的破坏？在没有能力达到环保要求的情况下，是否要率先生产、率先发展？面对有限的一份款项，处于公心的话，是该用于生产还是用于环保？

我们好像脱离了简单、机械的思考层次，变得复杂了、困惑了，似乎进入一个两难境地……这的确不是一个简单否定所能面对的，它的内涵好像是一个复杂课题，更好的答案在哪里？

┌─ **评价要点** ─

1. 选题是否具有社会价值。
2. 选题切入点是否适宜。
3. 引起社会关切的现场照片等呈现方式。
4. 探究过程的日志资料。

└───────────

四、我的硫酸雨研究不鲁莽
——制订课题研究方案

"硫酸型酸雨的危害研究"课题方案

课题名称	硫酸型酸雨的危害	研究者：吴耿雄
主导学科和相关学科	主导学科：地理 相关学科：化学、生物	
研究目的	①证实硫酸型酸雨确实会对生物和非生物造成破坏；②学会利用实验研究的方法展开科学研究；③培养主动探索未知世界的习惯。	
研究意义	①为城市绿化树种和花卉品种的选择提供参考；②为城市建筑材料的选择提供参考；③为文物保护提供参考。	
研究内容	硫酸型酸雨的危害	
研究准备	烧杯、试管、滴管、表面皿、玻璃棒、pH计、水槽、蒸馏水、硫酸、"一串红"盆花、汉白玉颗粒、铝合金片、小鱼缸、小金鱼。	
研究步骤	1. 到图书馆查阅科技文献资料。通过老师介绍的几个相关网站进行资料的查找。 2. 进行实地考察，确立分工工作。 3. 采用实验研究，对雨水pH值的测定和做酸雨危害的有关实验（详见备注）。 4. 走访环监站，了解有关酸雨情况。 5. 进行归纳总结。	
成果形式	实验报告	
成果分享形式	宣传橱窗	

【备注】硫酸型酸雨危害的实验研究步骤

1. 用硫酸和蒸馏水配制一系列酸度不同的"模拟酸雨"，pH值分别为：5.5、5.2、5.0、4.8、4.5。

2. 将六盆"一串红"盆花放在正常日光照射环境下，用等量的蒸馏水和上述"酸雨"分别浇灌，每天观察一次盆花的生长情况。

3. 在六个小鱼缸中分别加入等量的蒸馏水和上述"酸雨"，各放入一条相同种类、相同生长期的小金鱼，每天观察一次小金鱼的活动情况。

4. 将相同大小的汉白玉颗粒在蒸馏水和上述"酸雨"中浸泡相同时间后取出，再置于自然环境下，每天观察一次汉白玉表面的变化情况。

5. 用铝合金片代替汉白玉，进行上一步的类似实验。

平行事例

中年人秃顶问题研究

在研究性学习开题报告会上，高一（10）班的麦梓欣小组侃侃而谈：

据我们观察，越来越多的人有头发问题，其中秃头的人也越来越多。男人秃头除了遗传原因外，也和年纪的增长及脏器衰退有关，但并不是每一个老龄化的男人都会变秃头。为什么会产生这种现象？市面上也有许多声称能治好头发问题的产品。这给有头发问题的人一方面带来希望，另一方面带来了困惑。所以我们小组想以此作为课题进行一定的研究。

我们的计划和分工如下：

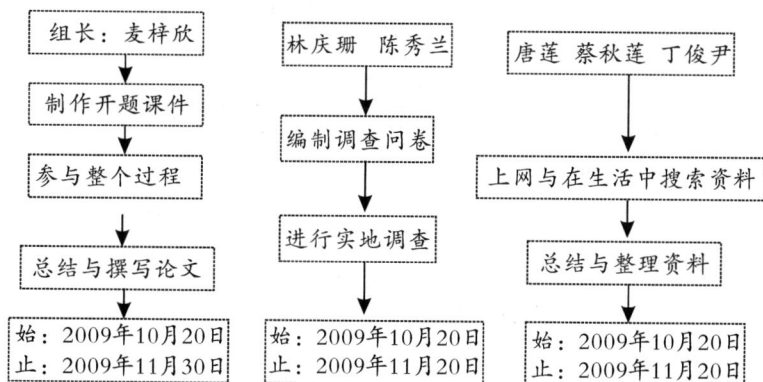

组长：麦梓欣	林庆珊 陈秀兰	唐莲 蔡秋莲 丁俊尹
制作开题课件	编制调查问卷	上网与在生活中搜索资料
参与整个过程	进行实地调查	总结与整理资料
总结与撰写论文		
始：2009年10月20日 止：2009年11月30日	始：2009年10月20日 止：2009年11月20日	始：2009年10月20日 止：2009年11月20日

七嘴八舌

A：课题方案就是课题研究计划吧？

B：怎么没写研究方法啊？

C：人家不填问卷怎么办？

D：……

E：画个图表挺明了！

F：对！最烦走形式！

学一学

制订课题研究方案，初步规定课题研究的具体内容和步骤的过程，实质上就是具体回答"为什么进行这项研究""怎么进行这项研究""是否值得、是否可行"等问题的过程，它确保整个研究能有条不紊地进行。同时，制订课题研究方案需要小组成员全员参与，集思广益、群策群力，保证课题方案科学合理、周详细致，小组成员分工明确。这是完成课题研究的重要开端。如"七嘴八舌"中"人家不填问卷怎么办？"正是对"这个研究是否可行"的再次思考，促使我们进一步完善问卷题目质量及可操作性。

课题的种类多种多样，其研究方案也有不同类型，究其结构，基本包含以下几个方面：

1. 课题的名称及目的。

课题从问题中来。当课题内容明确之后，为课题确定一个好的名称非常重要。课题名称必须简洁明了，要让人们可以从题目中看出研究的对象、研究内容、研究的方法等。课题名称可以是陈述句形式，也可以是疑问句形式；课题名称也可以采用主副标题的形式。除了课题名称，研究方案中还应简明扼要地介绍课题研究的目的、背景及意义，也就是通过本课题的研究能解决什么问题、得到什么结果及有什么价值。

2. 课题研究的对象与范围。

研究总是指向一定的对象，必须加以明确界定，以避免带来混乱。我们作为中学生，开展研究性学习的课题受条件所限，研究范围不宜过大。

3. 课题研究内容和时间。

课题研究内容是研究的主体，回答研究什么问题，把课题的研究内容细化成小的问题。明确课题研究时间和顺序的安排能保证研究按预期要求如期完成。

4. 研究的方法。

需简单介绍拟采用什么方法进行研究。

5. 研究步骤。

研究步骤是说明课题的研究分几个阶段，每个阶段的主要任务、阶段目标和所用的时间。研究步骤体现了整、分、合的工作，是使研究顺利进行的保证。

6. 研究组成员及其分工。

课题组成员不是越多越好，人数以保证每个同学都能承担适当的任务为宜。分工时，每个组员应该充分发挥自己的特长并勇于承担有挑战性的任务。小组分工、团结合作还可以使同学们取长补短、事半功倍。

7. 研究的预期成果形式设想。

制订研究方案时应该对预期的研究结果有一个初步的设想，对成果的表现形式有一个大致的考虑，否则容易使课题研究迷失方向。研究成果的形式是多样的，可以是调查报告、实验研究报告、经验总结、科研论文、发明创造作品或设计方案等。

对照课题研究方案的基本结构，可以看出：事例"硫酸型酸雨的危害实验研究"的课题研究方案思路基本清晰，简要说明了进行硫酸型酸雨危害实验研究的目的、意义及成果形式，但在研究内容、方法和研究步骤上有待完善。研究方法中可以简单说明拟采用实验研究法、比较法或其他方法；研究内容和步骤中简明概括所做实验的大致流程，会对整个研究的顺利进行有很大的帮助。事例"中年人秃顶问题研究"的课题来源于学生对"中年人为什么会有秃顶现象"的好奇，研究的目的在于搞清楚中年人秃顶产生的原因及预防、治疗措施，并通过具体分工明确了各自的任务，以及研究所采用的方法。虽然还不是很完善，但可以避免莽撞行动、少走弯路。案例中的图表，作为操作层面的行动指引的确简单明了，但它展示的仅仅是课题研究方案的一个部分。

试一试

1. 经过这段时间的学习，你更关心哪些研究方向？试着选定一个课题写出研究方案。

2. 把自己的研究方案和小组同学一起分享，听听他们对自己研究方案的建设性意见。

评价要点

1. 是否独立完成研究方案。
2. 前期研究方案是否可行与后期调整的情况。
3. 研究方案设计的完整性与独特之处。
4. 完成过程中汲取力量情况。

五、我的水上垃圾收集船
——制订项目设计方案

公园的湖上经常有许多漂浮物，如塑料袋、瓶子、落叶、泡沫等等。如何打捞这些漂浮物，小的湖泊只需要一个网兜沿着岸边捞一圈便可，但对于大一点的湖泊就需要更多的人手，而且工作的难度和危险性都增加，一不小心就容易落水，如果有一个机器可以代替人工，那就方便许多，也更加安全。这一问题的发现，激起高一（2）班王子涵同学极大的热情和兴趣，在家人和老师的鼓励和支持下，王子涵确定设计遥控垃圾收集船的目标……经过三个多月的资料查找、设计、调试、征求意见、试验……王子涵终于设计出单人操作的遥控垃圾收集船（附图）。垃圾收集船由两个船体和一个翻斗组成的，一个遥控器控制船的前进、后退、左转右转和翻斗的上升、下降。船的前进带动水流，使水上漂浮垃圾进入下沉式的翻斗中，当翻斗装满时，将船遥控到指定位置，翻斗上升，垃圾倾倒出来，并且可以根据需求定做，翻斗的网兜也可以根据实际打捞物体进行替换，实用性较强。遥控水上垃圾收集船是为了方便收集水上漂浮垃圾，降低人工操作的难度，适用于湖泊、池塘、护城河、水库等相对静水区域的水面垃圾的收集工作，可以根据遥控距离的长短确定垃圾的收集范围。

该作品的设计目的和思路实现可遥控，船体平衡性好，轻巧，一定角度转动翻斗倾倒收集的漂浮物，其基本的科学原理是利用了动力机械原理、浮力知识和遥控电路。

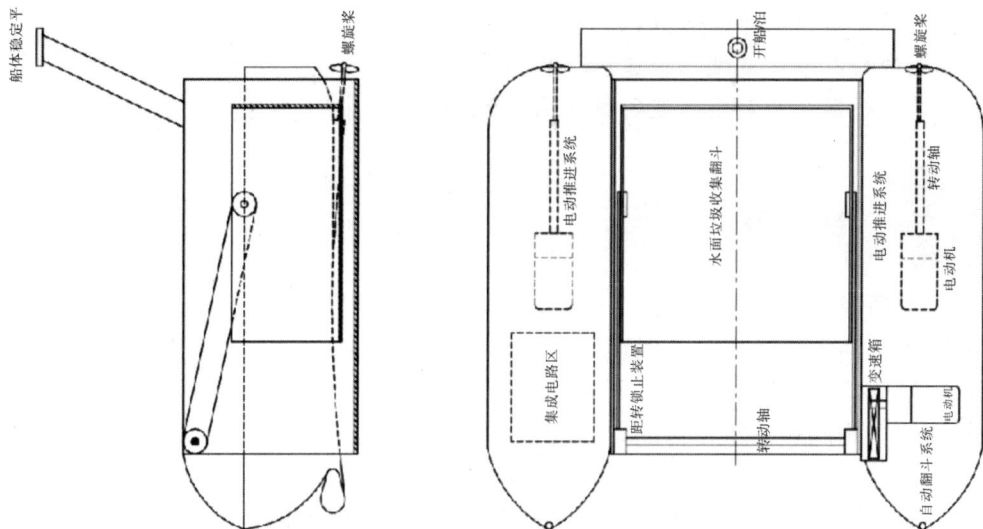

遥感垃圾收集船设计图

平行事例

机器人是靠自身动力和控制能力实现各种功能的一种机器。在科技越来越发达的今天，机器人在各个领域作出的贡献是有目共睹的，特别是在科技探索和军事领域方面。机器人技术是计算机软件、硬件设计、人工智能、电子技术及机械结构多学科多技术的结合体。在这样的环境下，机器人的设计研究也渐渐吸引人们的眼球。声控机器人这一科技作品正是在这一潮流中涌现的。

声控机器人的主要功能是通过语音命令对其进行控制，可以跳两首舞曲，具有走步、转向、转头、发射飞盘的功能。

机器人功能结构

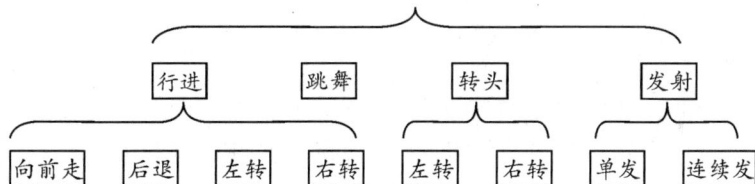

行进　　跳舞　　转头　　发射

向前走　后退　左转　右转　　左转　右转　　单发　连续发

七嘴八舌

A：真厉害！我也好想动手试试。

B：很多时候也遇到相似的问题，想解决，又觉得自己能力不够，该怎么办？

C：把问题分解为几个小部分，先做能做的一部分。

D：去年的科技节，我做了个遥控飞行器。

E：设计飞行器程序，能不能实现自动遛狗？

F：……

 学一学

依据研究内容的不同，研究性学习的实施主要可以区分为两大类：课题研究类和项目（活动）设计类。课题研究以认识和解决某一问题为主要目的，一般包括调查研究、实验研究、文献研究等类型；项目（活动）设计则是以解决一个比较复杂的操作问题为主要目的，一般包括两种类型：社会性活动的设计和科技类项目的设计。

一个科技作品的成功诞生，离不开有效的技术指导和详尽的研究方案。作品设计方案的科学制定，可以为整个作品的制作提供明确的指引，是完成作品的前提条件。其核心内容主要包括以下几个方面：

1. 设计要求。

根据收集的设计所需的信息，确定研究的问题，提出解决问题的方法，突出作品设计对问题解决的针对性及指向性。这是作品设计的起点，也是终点，指导着作品制作的全过程。

2. 方案的构思及方法。

根据收集的信息和作品设计要求进行设计分析，明确作品要解决的主要问题，阐述作品设计的独特之处。方案的构思需要从选材、结构、功能、可行性等方面进行详尽的分析。

3. 设计图样的绘制。

结构设计用图样展示，并配合适当的文字说明。图样要能体现作品设计的整体效果，一般要求画出作品的三视图，对构件连接处等设计细节的展示，作品尺寸的标注。构件之间的连接方式在图样上标注说明。作品的结构图样可以以构思草图、作品效果图、作品精细图的方式表现。

4. 模型或原型的制作。

注明完成作品所选的工具和每件工具加工的内容，用流程框图表示作品制作的步骤，包括画出设计图并绘制三视图，根据设计图确定各部分选材及其所需工具或技术，材料的购置，作品的制作，作品调试，审查等。

5. 材料成本估算。

对所需材料的成本估算是着手作品制作的必经环节之一，是衡量作品制作可行性的重要指标之一。

6. 使用说明书。

使用说明书应包括作品简介、作品结构、技术指标、使用方法、注意事项。作品简介包括作品名称和功能。作品结构，如事例"我的水上垃圾收集船"，就包

括遥控装置和垃圾船两部分。技术指标只要涉及作品正常工作时需要满足的条件，假如需要用到电流的，则需说明正常的工作电压、工作电流等，或者是作品的大小规格。使用方法和注意事项的表述必须清晰易懂，具有较强的可读性。

7. 作品自评。

该部分主要是对设计的作品作定性的评价。简述在作品设计的过程中体现哪些设计原则，可以从作品方案的优化、作品外观设计、功能、环保性等方面作自我的评定，进而根据基本原则对作品的设计进行说明，分析总结作品设计、制作的优劣，提出改进方案。

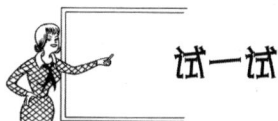

试一试

1. 辽宁号航空母舰是中国人民解放军海军第一艘可以搭载固定翼飞机的航空母舰。试一试，组建一个兴趣小组做一个制作"辽宁舰"模型方案，并记录在制作模型过程中小组每个成员的态度、获取信息、处理信息、动手操作以及和同伴合作等各方面能力的表现情况。

2. 家中很多高处的尘埃不方便清除。能否设计一个便捷的工具，解决这个难题？写出你的制作方案跟同学一起讨论。

评价要点

1. 小组成员是否具有团队合作意识。
2. 组织设计过程给自己带来的成就感。
3. 讨论与交流带来的思维冲击。
4. 追求卓越的创新迹象。

六、　低碳环保雕塑大赛
——制订活动策划方案

随着世界工业经济的发展和人口的剧增，二氧化碳排放量越来越大，地球臭氧层正遭受前所未有的危机，全球灾难性气候变化屡屡出现，已经严重危害到人类的生存环境和健康安全，即使人类曾经引以为豪的高速增长或膨胀的GDP也因为环境污染、气候变化而"大打折扣"。因此，发展低碳环保经济成了关乎地球上每个人的事情。为培养同学爱护环境、绿色环保的紧迫意识，充分发挥校学生会卫生部及社团联合会环保社的传播引导作用，活跃校园生活，特提出在世界环保日到来之际，举办校园废品雕塑展及"报纸承重"现场活动，并制订本方案。

1. 组织机构。

学生会卫生部、社团联合会环保社。

主要负责人：李秋鹭、赵帆。

其他工作人员：卫生部干事、环保社社员。

2. 活动简介。

本次活动分展览与比赛两个部分，并同时进行。主场进行"低碳环保雕塑"作品展示，分场进行"报纸承重"比赛以增强活动趣味性。

3. 活动安排。

(1) 时间：6月5日。

(2) 地点：学校运动场。

(3) 参与对象：全体师生。

(4) 内容与形式：以竞赛的形式向全校同学征集易拉罐、塑料瓶等可回收废品做成的雕塑作品，将其在校园固定平台上展出，并由评比组评出奖项；现场举行"报纸承重"比赛，并现场评比。

4. 分工安排。

分组情况：

设立筹备组、展览组、评比组、应急组。

(1) 筹备组负责前期筹备，包括制作和派发宣传单、召集参展者、收集参展作品和"报纸承重"比赛所需的报纸、领取奖品等。

(2) 展览组负责展览期间的搬运、展示、秩序维护、作品安全保证等。

(3) 评比组负责参展作品和"报纸承重"比赛的评比工作，包括请通用技术老师做评委、演示作品、统计结果、颁发奖品等。

(4) 应急组帮助展览组处理比赛现场的应急情况，如下雨、学生的不文明行为等，确保活动顺利进行。

具体事项：

(1) 组织单位提前三周开始筹备，成立小组，向小组说明培训内容和注意事项。

（2）筹备组提前三周开始制作、派发宣传单，收集参展作品和"报纸承重"比赛所需的报纸，并在一周之内上报参展者人数；提前两周召集参展者进行培训，明确作品要求和注意事项；提前一天收齐参展作品和报纸，并将作品数上报校学生会组织，领取相应奖品。

（3）展览组活动当天负责布置平台，搬运作品和报纸，展示参展者的作品，维持场地秩序与卫生，保证展出的顺利进行及参展作品的安全，活动结束后回收参展作品。

（4）评比组提前一周向通用技术老师咨询相关的评比事项，联系相关老师，组建由老师、学生共同组成的评比队伍，确保比赛公平公正的进行；提前一天召集评委，说明评分原则和注意事项；活动当天演示"报纸承重"比赛中制作的作品，对参展作品进行评分，并统计最后结果、公布成绩和颁发奖品。

（5）应急组活动当天随时待命，一切听从展览组的指挥，协助展览组处理在场的应急情况，保证展出的顺利进行及参展作品的不被破坏。展览过程中，若有同学欲对参展作品采取不文明举动，要及时制止，如情况恶劣，则上报校方处理。

5. 注意事项。

（1）活动所需材料除报纸由举办方提供外，其他需由参展人员自备。

（2）可以以个人、小组或班级的形式参加，但相应奖项的奖品按作品件数颁发，不再进行个别颁奖。

（3）奖项设置：展览设一等奖一名，二等奖两名，三等奖三名；"报纸承重"比赛设第一名、第二名、第三名各一名，以及安慰奖三名。获奖者可得到奖状及有关奖品（待定）。

（4）筹备组应注意在制作的宣传单上说明活动简介、活动流程、参赛参展形式、报名截止日期、作品上交时间、奖项和奖品的设置及联系人等；派发传单时，需提醒想要参展的同学开始构思创作，创作过程中可请通用技术老师进行指导；应及时向校学生会组织反映本组的工作情况，以便确定展出规模及奖状、奖品数量。

（5）展览组布置平台时，需将平台分为两部分，一部分供展览，一部分进行"报纸承重"比赛。

（6）活动结束后，工作人员应协助社联对场地进行清理。

（7）本次活动由校学生会卫生部及社团联合会环保社共同组织，基本工作思路及事项按上述方案确定和进行，具体的组织协调分工须由两个组织方切实协商后完成。

6. 应急预案。

（1）筹备组要及时跟进参展者的作品制作进程，若出现报名数与实际上交作品数不相协调的情况，则立刻上报校学生会组织，以便及时调整奖品数量。

（2）评比组在组织评委队伍时，如相关老师不配合，可另寻其他老师，确保评比的公正性。

（3）展出当天遇到下雨天气时的处理方式。

①微雨，活动照常，展览组通过广播提醒在场人员注意场地湿滑，利用相关设备保护易因雨水损坏的作品。

②小雨或更大雨势，展览组将参展作品转移至体育馆。

7. 关于"报纸承重"比赛。

（1）人员分组：现场分组并按字母编号，每组最多4人，最少2人。不限班级。

（2）材料及工具：报纸8张、1厘米宽5米长双面胶1个、剪刀1把、30厘米直尺1把。

（3）要求：现场利用所给材料及工具制作一个框架结构，时间为1个小时。承重面离地面垂直距离不低于20厘米。

（4）比赛方式：比赛与展览同时进行，各组在规定时间制作好作品，估计预计承重量并上交。各组报出预计承重量，重物为钩码和钩码盒，并以盒为单位记录，评比组负责按字母顺序演示。重物放在承重面上停留5秒钟后方为该重量有效，有效后再向上增加重量直到无法继续承重。承重物从承重面上掉落下来，本次承重测试结束。每组可以有两次承重演示的机会，以成绩好的那次成绩为最后成绩。

（5）评判标准：以承重的重量多少决出最后的名次，承重多者胜。如果承重的重量相等，以作品本身的轻重决出名次，作品本身轻者胜。

8. 总结。

每位组长收集组内意见，写成一份 200 字以上的感想与建议，打印成电子稿，上交主要负责人。（陈育）

七嘴八舌

A：那天的消防演习，好刺激啊！

B：制订活动方案，真要反复推敲细节！

C：组织今年的社团展示季活动，真是大大地锻炼了我的协调能力。

D：下周末义工联组织去敬老院，你们小组承担的任务在活动方案里查吧！

E：……

学一学

研究性学习中的社会性活动是引导我们走出校门、接触社会、了解国情，将理论与实践相结合的良好形式；是培养锻炼我们组织能力的重要渠道；是提高思想觉悟、增强服务社会意识，促进我们健康成长的有效途径。通过社会性活动有助于我们更新观念，树立正确的世界观、人生观、价值观。

要顺利开展社会性活动，首先要制订周密的社会活动策划方案。社会活动方案的核心内容主要包括以下几方面：

1. 活动背景。

一个活动的开展，必定是在一定的背景下应运而生，确定活动背景，有利于激发参与者的共鸣，增加关注者的思考。活动背景要贴近生活实际，点明问题所在及急需解决的需要。

2. 活动主题。

活动主题要贴近活动背景，言简意赅的体现活动的名称及意义，一般是四到八字的对称句式，如某社团嘉年华的活动主题"携我社团一心，绽放青春色彩"。

3. 活动目的及意义。

4. 活动时间、地点、主办单位、活动对象及形式。

活动形式包括节目表演、竞赛活动、游园游戏、作品展览等等，在制订活动方案时，要细致描述活动的具体形式，可以是单一的模式，也可以是多种方式的叠加，但无论是哪一种，都必须详细讲明该活动形式下的具体内容，以更好地指导参与组织活动的人员宣传或组织该活动。

5. 活动安排。

具体包括活动的前期准备、活动开展及活动后续总结。

活动前期工作主要包括宣传工作、活动所需物资筹备、场地规划、经费及物资赞助、嘉宾邀请、活动流程等。宣传工作包括海报、广播、Q 群等宣传工作的具体人员及宣传时间的安排。如果是表演类的社团活动，在前期工作还必须囊括节目、游戏及主持人选定工作的安排。场地规划应包括场地的租借、幕布的设计及安装、现场电源音响调试工作的安排，如果是表演现场还要明确表演当天观众的座位安排等。

活动开展包括活动开始前的场地布置、活动现场协调人员安排、物资管理、各小组活动负责人员的安排等。

活动后期工作主要包括活动现场材料整理、回收、归还借用物质、后期宣传工作及对活动场地卫生整理等工作的具体安排。

6. 活动的可行性分析。

可以就活动的创新性、场地、人员、经费等进行分析。活动的创新性可以从活动的形式、内容等方面入手。在中学生活中，一份好的社团方案应该是能促进我们关注生活、激发学习或创作热情，充分利用已有场地资源，讲求经济实惠，尽可能调动有特长的工作人员发挥或表演人员参与的方案。

7. 活动人员安排明细表。

职责	主负责人及联系方式	负责人

8. 经费预算。

这部分是对活动期间所需用品、用途、数量、价格（包括单价和总价）做详细的预算分析，常以表格格式呈现。

用途	具体物资名称	单价	数量	总价
总价				

9. 注意事项。

试一试

1. 母亲节快到了，请设计一个"感恩母亲"的班级活动。可以先写出初步的活动方案征询同学们的意见后，修改完善。

2. 在班会中展示自己的"感恩母亲"的方案，获得老师和同学的一致认可之后开展和主持班级的"感恩母亲"活动。

评价要点

1. 活动创意的形成过程。
2. 活动环节细节的设计亮点。
3. 方案撰写是否清晰明了。
4. 活动策划的实施保障与应急准备。

本章小结

选题和制订研究方案是研究性学习过程中的重要环节，为研究性学习提供实施框架，帮助我们把握整个研究进程。研究方案对课题研究的成功与否，起着至关重要的作用。

选题和制订研究方案
{
选题的原则及方法
制订课题研究计划
制订项目设计方案
制订活动策划方案
}

能力挑战

1. 口香糖是一种常见的零食，嚼口香糖有很多益处，如会促进唾液分泌，增强消化功能，帮助食物消化；强化下腭关节和牙床，使人在嚼食大部分食物时不用再过于费力；能够使口腔气体保持清新；有助于注意力的集中；等等。但是它的负面影响也不小，尤其是残留物会带来污染，而且它强大的黏附力给清除带来很大的麻烦。

请你以"口香糖的黏附力和温度的关系"为课题作一个实验研究，写出研究计划。

2. 文明是人类智慧的结晶，工具是人类文明演进的主要标志。从打制的石器到牛拉的铁犁，从简朴的蒸汽纺机到现代的数控机床，工具的创制和应用促进了人类文明的进步。

（1）请分析下表图文提供的信息，按要求完成此表。

 古代农民在耕种土地	大约一万年前，人类发明了磨制石器和陶器，出现了农业革命，人类开始进入农业文明社会，在漫长的农业文明时代，犁是一种重要的耕作农具，主要用牛牵引耕翻土地，铁犁的广泛使用，促进了农业生产的发展和人类文明进步。
（请根据右面文字，画一幅英国工业革命时期发明的交通工具的简图，并写上名称。）	18世纪中期的英国，棉纺织技术的改造和革新点燃了工业革命的火炬，人类开始进入工业文明社会，蒸汽机的改良和应用，是一场动力革命，它使工业生产冲破了自然条件的束缚，推动了整个世界工业革命的发展。
 现代人的自动化办公	（请根据左图提供的信息，按照时间、工具、文明形态、历史评价等要素，模仿上面文字完成一篇百字左右的短文。）

（2）根据不同的标准，可以将人类的文明划分为不同的类型。反之，不同的类型又是根据相应的标准来划分的。请完成下表。

标准	类型
社会形态	奴隶社会文明、封建社会文明、资本主义社会文明、社会主义社会文明
生产力发展水平	
	古代文明、近代文明、现代文明
宗教信仰	

（3）就"人类文明发展"这一主题，请你从不同角度提出两个研究性课题，简要写出选题的依据，并制订一份研究计划。

〔例〕课题：工具演变与人类文明发展的关系。

依据：工具的创制和应用促进了人类的进步。

课题一：_____

依据：_____

课题二：_____

依据：_____

3. 请以"感恩和毕业"为主题，制订一个"中学毕业典礼"策划方案。

4. 食品种类多，酸碱度范围广。生物兴趣小组拟探究在食品生产应用范围较广的蛋白酶，查阅相关文献，得知：

（1）pH 对不同蛋白酶的活力影响有差异。据图1可知，_____更适宜作为食品添加剂，理由是_____。蛋白酶的活力可用_____的量来表示。

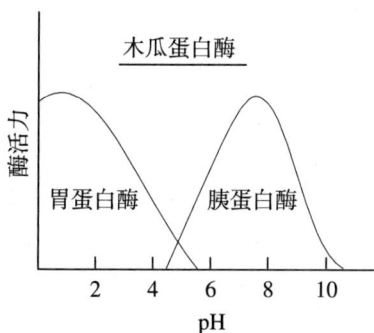

图1

（2）该蛋白酶的提取工艺流程如下：

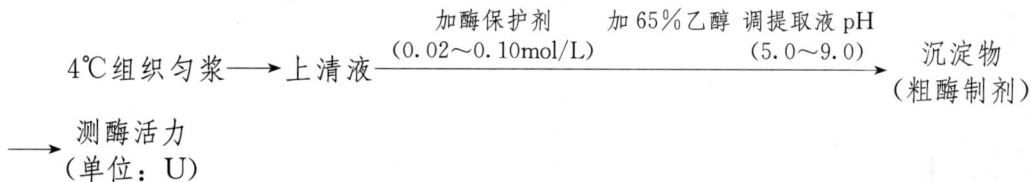

4℃组织匀浆 ⟶ 上清液 ──加酶保护剂(0.02~0.10mol/L)　加65％乙醇　调提取液pH(5.0~9.0)⟶ 沉淀物（粗酶制剂）

⟶ 测酶活力（单位：U）

兴趣小组分别对酶保护剂浓度、提取液 pH 进行了探究实验。结果显示，酶保护剂浓度在 0.02~0.06mol/L 范围内，酶活力较高；提取液 pH 在 6.0~8.0 范围内，酶活力较高。他们认为，要进一步提高粗酶制剂的酶活力，以达到最佳提取效果，还需对酶保护剂浓度和提取液 pH 进行优化，并确定以此为探究课题。请拟定该课题名称，设计实验结果记录表。

[2012年普通高等学校招生全国统一考试理科综合（广东卷）]

5. 德兰修女是 1979 年诺贝尔和平奖获得者，被誉为继 1952 年史怀泽博士获得诺贝尔和平奖以来最没有争议的一位得奖者，也是 20 世纪 80 年代美国青少年最崇拜的 4 位人物之一。请以"德兰修女的成功路"为例，说说你是如何选题、如何制订切实可行的研究方案的？

第三章 学会选择使用研究方法

研究方法是推进研究、以期发现事物内在规律的工具与手段。人类通过在不同领域、不同方向的研究，总结形成了多样的研究方法。选择适合自己课题的研究方法并综合运用，才能进入实质性研究。

需要指出的是，每种研究方法都有自身的优势和局限性，即使是同一种研究方法，也还会像下图中的争论那样，需要先权衡利弊再做抉择。从掌握相对简单或单一的研究方法开始，逐步摸索使用各种研究方法，是同学们在本章学习实践中应该努力做到的。

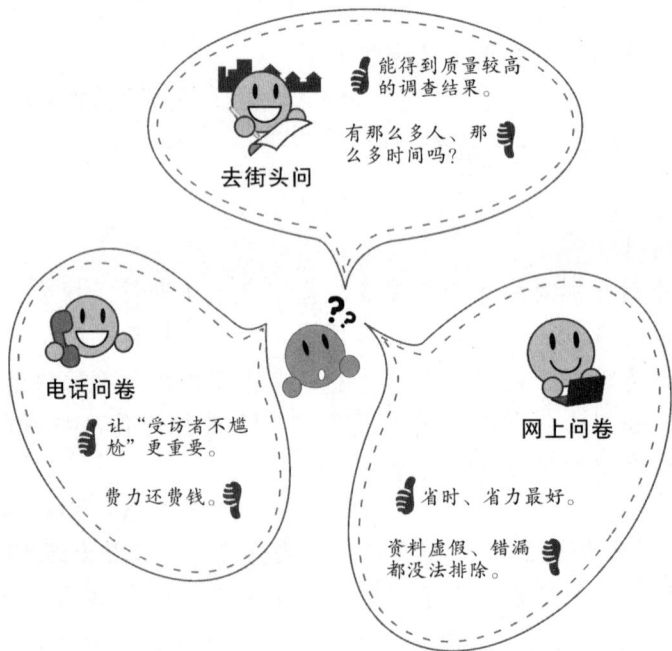

去街头问
能得到质量较高的调查结果。
有那么多人、那么多时间吗？

电话问卷
让"受访者不尴尬"更重要。
费力还费钱。

网上问卷
省时、省力最好。
资料虚假、错漏都没法排除。

一、双语站牌的错误
——观察研究法

　　深圳市莲花中学的两位同学在景田路口候车亭等候公共汽车时，看见一位外国游客对着公共汽车站牌纳闷，通过交谈，他们了解到这位外国朋友的目的地是华强中学"Huaqiang Middle School"，而站牌上却写成"Huqiang Middk Sch001"。他们向外国朋友作出解释并表示歉意，也深深为这种翻译错误的站牌出现在自己生活的城市感到羞愧。他们想了解这样的错误究竟还有多少，给外国朋友带来了怎样的麻烦。他们抽取了 5 条主干马路的 16 个双语站牌进行观察记录，共发现了 56 处错误，他们还根据这种出错率以及深圳市公共汽车站候车亭的总数，推算出深圳市公交站牌的英译错误可能多达 1271 处。他们的观察研究结果引起了政府有关部门的高度重视。（孔令启）

平行事例

　　南山的夜晚很冷，我们个个穿得像北极熊，行动都很困难。躺在地上看着天空，那么多的星星是我从未见到过的壮观景象，那看似遥远的星星，似乎却又伸手可及。我静静躺着，等待着生命中第一颗流星的出现……突然，安静的天空中有了骚动，"有一颗流星！"我不由自主地喊了出来。第一颗流星在天空闪了一下，画出一道优美的、发出亮白光的弧，我无法形容激动的心情。"持续时间、星等亮度、颜色、速度……"捏着观察记录表的记录员着急地催我，后来，流星逐渐增多了，尤其是第二天都快报不过来了。虽然在外面冻得发抖，但是每一颗流星的出现都让我兴奋不已……（狄小丹）

观察记录表

观察日期：＿＿＿年＿＿＿月＿＿＿日　观察者：＿＿＿＿＿

观察地点：＿＿＿＿＿＿＿＿（经度＿＿＿＿，纬度＿＿＿＿，海拔＿＿＿＿米）

观察开始时间：＿＿＿＿日＿＿＿＿时＿＿＿＿分，观察结束时间：＿＿＿＿日＿＿＿＿时＿＿＿＿分

总的观察时间：＿＿＿＿分（总的观察时间＝观察时间－中断时间）

号码	出现时间			流星亮度	群别	持续时间	速度	颜色	流星痕迹	发光点位置	消失点位置	备注
	时	分	秒									

七嘴八舌

A：很多景点牌子上的英文也有错误，咱们也去调查一下！

B：生物课上老师强调的单一变量原则很重要。

C：抽取5条主干马路的16个站牌，就能推断全市的站牌差错数量？！

D：这就是抽样调查的功能！

E：定性还是定量要看实际需要。

F：……

学一学

观察，从大的方面来看分为两种，一种是广义的观察，即一般日常生活的观察：抬头看天，低头看地，游玩时东张西望，与人打交道时察言观色，只要我们眼睛所到之处，就是观察。另一种是科学观察，即指人们有目的、有意识、有计划地通过感官和辅助仪器，对客观事物进行系统察看、测量、记载，从而获取经验事实和理性认识的一种最基本、最普遍的科学研究方法。

观察研究法是科学发现的一个重要途径，也是激起人们求知欲、探索欲的重要手段。人们通过对客观世界的细致观察，发现问题、发现新知，进而提出科学假说，然后再通过实验、研究，就可能有出乎意料的发现。人类历史上许多伟大的科学发现都是用观察法得来的。如哥白尼长期观察天文现象，最终提出了日心说等。观察法也广泛应用于人文社会科学领域，如美国著名社会人类学家摩尔根在进行《古代社会》《人类家庭的血亲和姻亲制度》等著作的写作时，都采用了观察法而获得可靠的资料。现在西方一些社会学家为了搜集社会底层和黑社会的情况，往往采用观察法，深入到一些小社会中，参与该群体的社会生活，取得信任，以便了解其中的内幕，收集第一手可靠的资料。

1. 观察研究法的基本原则。

（1）客观性原则。观察的客观性，其核心就是从实际出发，真实地反映现实，绝对不能有主观偏见，随意取舍，甚至歪曲事实。

（2）系统性原则。客观事物都有其产生、存在、发展和灭亡的历史过程，因此要坚持观察事物的全过程；事物是普遍联系的，因此要坚持对事物进行全面的了解。

（3）典型性原则。世界事物纷繁复杂，所能观察到的东西相当有限，因而要选择典型的观察对象，把握事物的主要方面。只有把注意力集中和保持在经过选择的观察对象上，把观察始终和有意注意结合在一起，尽量排除外界无关刺激的干扰，观察才能获得预期成效。

2. 观察研究法的类型。

（1）根据观察的情境条件划分为自然观察与实验观察。自然观察指对观察对象不加控制、不加干预、不影响其常态的条件下的观察，能收集到客观真实的材料，但材料往往是观察对象的外部行为表现；实验观察指在有严密的计划、有详细的观察指标体系等人为控制下的观察，适应于可重复进行、多次再现的被研究对象。

（2）根据观察方式可以分为直接观察与间接观察。直接观察是凭借人的感官，在现场对观察对象进行感知和描述，比较具体；间接观察是借助一定仪器或其他技术手段为中介进行观察，这类观察突破了人的感官功能的局限性，扩展了观察的深度和广度。

（3）根据观察者是否直接参与被观察者所从事的活动划分为参与性观察和非参与性观察。前者指观察者不暴露自己的真实身份，直接参加到观察对象所从事的活动中，在活动中隐蔽观察研究对象。这种观察法获得有关较深层结构和关系的材料，但易受研究者主观因素影响。后者指研究者以"旁观者"身份，采取公开或秘密的方式进行观察。这种观察结果较为客观，但无法深入了解观察对象或事件的深层原因。

（4）根据观察实施的方式划分为结构式观察与非结构式观察。结构式观察是指观察者根据事先设计好的提纲并严格按照规定的内容和计划进行观察，其特点是结构严谨、计划周密、观察过程和记录标准化，但缺乏弹性，容易影响观察结果的深度与广度。非结构式观察指对研究问题的范围和目标采取弹性的态度，观察内容项目与观察步骤不预先确定，也无具体记录要求的非控制性观察。该方法灵活，简单易行，但获得的材料比较零碎，常用于对观察对象不太了解的情况下。

3. 观察研究法的基本步骤。

（1）制订观察计划。根据研究性学习所选定的课题制订好观察计划，观察计划应包括以下主要内容：观察目的、观察对象、观察内容、观察的时间和地点、所选择的观察方法、观察人员的分工等。

（2）做好观察准备。准备观察过程中所需要的器材，设计观察记录表格，了解观察所需要的背景知识，确定观察注意事项等。

（3）实施观察。观察过程中力求按计划完成所确定内容，具体操作过程出现未考虑到的因素时，应对计划做适当的调整，对观察到的现象进行及时、客观的记录，对理论预期外的现象做好详尽的记录。

（4）整理和分析观察资料。对观察的原始记录予以整理，并对观察到的现象和数据进行分析，寻找规律性的解释或结论，并与预期的观察结果进行对照，分析出现差异的原因，得出结论。

试一试

1. 在光照不均匀的地方，观察植物的生长状况并记录下来。

2. 设计一份行人过马路的观察记录表格。要求：分时段（早、中、晚），分规则（红灯时、绿灯时），分性别，分年龄等。

3. 在主干道的十字路口和非主干道的十字路口，红灯和绿灯交替的时间间隔相同吗？想想这是为什么。

4. 观察不同人口居住小区附近的行人过马路时间，以及该小区附近的主干道和非主干道的红绿灯交替时间，你觉得可以为交通管理部门设置红绿灯时间提点什么建议？

评价要点

1. 观察目标与观察点是否明确。
2. 观察设计方案是否可行。
3. 观察材料是否真实完整。
4. 观察资料的梳理总结是否客观谨慎。

二、机动车尾气对植物的影响
——实验研究法

我们研究的课题最终定为"机动车尾气对植物的影响"，准备通过实验研究的方法，了解植物在尾气污染环境下的生长状况。冒出这个想法的时候，我们都很兴奋，好像预感到我们会成功。

我们找来了两个大烧杯（内径13厘米、高11厘米、容积800毫升），两株大小近似、生长状况均良好的菊花苗（高度不超过烧杯高度）。还找来了一辆助动车，用它来制造尾气，并用薄塑料袋收集尾气。

在两个烧杯内分别装入体积相等、性状相同且适量的土壤和水，再把两株菊苗分别植入这两个烧杯中，用透明塑料薄膜和胶带将烧杯口密封，使两株菊苗与外界环境隔离。

在其中一个烧杯口上的薄膜留有一小孔，每隔一段时间将收集的尾气通过这个小孔与烧杯连通，断开时迅速用胶带封闭这个孔。

用照相机在同一角度同一时间拍照菊苗的生长情况，收集真实客观的实验资料。

这两株植物平时放在环境（如通风状况、照明情况、湿度情况等）相同，且阳光充足的地方，以便其进行光合作用，各自形成一个独立的系统。我们用照片记录下它们不同的生长状况。

从开始实验到实验结束有近一个月的时间。被灌入尾气的那个烧杯中的菊苗叶子焦烂后稍显病态，而没被灌入尾气的烧杯中的菊苗生长状况不错，虽也有焦烂的叶子，但比另一株菊苗显得要茂盛很多。

七嘴八舌

A：尾气收集挺有创意！

B：一直在控制其他变量，好！

C：环境污染对动植物肯定有影响，这还要实验吗？

D：对病态菊苗注入"富氧"空气，续接上这样的实验，
　　怎样？

E：……

 **学一学**

　　实验研究法是观察研究法的延伸和拓展，它是人们根据一定的研究目的，运用一定的科学仪器和设备，在人为控制或变革客观事物的条件下获得科学事实和结论的方法。实验研究法的主要目的在于查明研究现象发生的原因或检验某一理论或假说的实际效果。它和观察研究法的重要区别在于：观察是在自然条件下进行的，实验探索则是在人为地控制研究对象的条件下进行研究的科学方法。实验研究法最初用于自然科学，如古希腊阿基米德的"揭开王冠之谜"的实验；但近代以来，实验研究法也逐渐用于社会科学的研究。

　　1. 实验研究法的基本要求。

　　（1）明确实验的目的和要求，对实验步骤做到心中有数，不仅要知道怎样做，而且还要懂得为什么这样做。实验之前要制订实验计划，计划主要包括实验题目、实验目的、实验因子、实验对象、实验方法、实验要求、实验所需器材、实验步骤等。

　　（2）树立安全、规范操作的意识。在实验过程中，我们应严格遵守实验室的安全守则，小心并规范地使用各种仪器、装置，如酒精灯、电器、玻璃器皿等，避免发生意外事故。

　　（3）以实事求是的科学态度，准确记录各种数据和资料，不得随意更改实验数据。

　　2. 实验研究法的类型。

　　（1）根据实验的精确性和实验所处的环境，可分为实验室实验和自然实验研究法。实验室实验是在实验室内通过各种实验仪器和设备，在人为地制造、控制或改变实验对象的状态和条件下，观察实验对象的一种有目的、有计划的活动。自然实验是在人为创造或选择的条件下，对自然界的事物进行观察和研究的活动。其优点是把观察的自然性和实验的主动性结合在一起，不足是在自然实验中缺少对某些因素的严格控制，实验结果的精确性较差。

　　（2）根据实验的目的，可分为探索性实验和验证性实验研究法。探索性实验是探索研究对象的未知性质，了解它具有怎样的组成，有哪些属性和变化特征，以及与其他对象或现象联系的实验方法。其特点是根据实验的目的，利用已知的、外加的因素去干扰研究对象，看它会发生什么样的变化，出现什么样的现象，产生怎样的结果。这种实验一般都具有试探的性质，因此也称之为试验。探索性实验未必有唯一、确定的结论，其目的侧重于培养同学们的科学精神、科学态度和探究能力，注重探究过程的体验。验证性实验是验证某一理论或假设是否正确的

实验方法。当对研究对象有一定的了解，并形成一定认识或提出某种假设时，就需要用实验来证明其正确与否。验证性实验侧重于培养学生的实验操作能力、数据处理和计算技能，注重实验的结果（事实、概念、理论）等。

3. 实验研究法的基本步骤。

（1）提出研究课题，明确实验的目的。如上面所说的课题，实验研究的目的是：探究植物在有尾气污染环境下的生长状况。

（2）提出假设。就是根据一定的知识和经验提出一个假定性的观点。虽然假设具有一定的猜测性，但也要有一定的依据，这就是我们过去掌握的理性知识和感性经验。例如有一个课题叫"论种子萌发的外界条件"，研究者采取实验研究法，提出的假设是："种子的萌发需要充足的水分和空气，并且要有适宜的温度。"显而易见，这是为课题预设的结论。这个假设的依据是我们的日常经验：种子在温暖潮湿的地方很容易发芽。

（3）设计实验方案。假设提出以后，就要通过设计的实验方案去证实它。这就要求设计出实验的基本方法和步骤，对用什么实验器材、采取什么步骤、如何控制变量、怎样处理数据、如何分析实验现象等进行通盘考虑。

（4）实施实验并做好实验记录。设计好实验方案后按照步骤开展实验，并对实验做详实的记录。

（5）分析论证实验结果，形成结论。对实验的结果要实事求是。当发现实验结果与预想不一致时，无论如何不可以编造实验结果，而应对结果进行深入分析，检查实验方案的正确性，或通过进一步的实验，找出其中原因。最终结果如果跟预期的不一样，要从过程中寻找造成不一样的原因，如果实验程序是科学的、合理的，那么就是假设不成立。如果是假设不成立，就必须重新提出假设，重新设计实验进行验证，直到找到合理的答案为止。

试一试

1. 准备三盆长势相同的同种植株，每天定时用等量的但 pH 值分别为 5.0、7.0、9.0 的水浇灌，观察并记录植物的变化并分析原因。

2. 加酶洗衣粉在什么温度下去污效果最好呢？你能用实验找出答案吗？把你的实验过程以及实验收获到学校和同学们一起分享。

评价要点

1. 实验目的明确。
2. 实验设计的科学性与可行性。
3. 收集实验资料的严谨态度。
4. 实验研究过程的心理感受。

三、黄埔鹭林生态分析
——调查研究法

为了做好"广州黄埔鹭林生态调查分析"这个研究，华南师范大学附属中学的江婉秋、张威等同学用了一年时间对鹭林进行追踪调查。

他们定期对黄埔茅岗的地理环境、周边状况等进行实地考察，对当地村民进行了实地访问，还通过文献查阅等方法，从自然环境、鹭鸟生态习性、鹭鸟对环境的需求及保护措施等角度进行深入了解，为课题研究收集了大量可靠的素材，为分析鹭林生态状况奠定了坚实的基础。

他们总结出黄埔鹭林之所以存在，是因为有生态、人文及保护措施三方面的原因，并提出了七点建议，得到社会的充分肯定。他们的七点建议是：

1. 把广州黄埔茅岗鹭林进一步建成广州青少年生物生态教育基地，使青少年能深入了解鸟类，认识保护生物多样性的重要性。

2. 调查中发现各级部门对保护鹭鸟重视不够，在鹭鸟觅食途中，还有人对其进行伤害。为此，应在当地树起多块倡导爱鸟护鸟的宣传牌。

3. 村委会应规定承包农户定期清理鸟粪，适时补种植物，以恢复林内生态环境，利于鹭鸟繁衍，并将鸟粪施于田中，充分发挥鹭林在当地农业生态中的作用。

4. 加强考察鹭鸟觅食的路线和场所，改善其觅食场所的环境条件，使鹭鸟生存空间更稳定。

5. 目前鹭林的承包期只有一年，承包农户有短期行为，建议村委会应放宽承包年限（以3～5年为宜），使承包农户能全面考虑鹭鸟的捕捉与保护问题。

6. 可考虑选择相似的环境，对鹭鸟进行人工饲养及繁殖。

7. 我国作为世界上生物物种较为丰富的国家之一，应加强保护生物多样性，提高全民的环保意识，使经济发展与环境保护同步进行。

A：用一年时间做一项调查研究，值得尊敬！

B：实地考察、实地访问、查阅文献……这么完善！

C：生态调查分析，题目是不是有点太大了？

D：社会价值也大呀！

E：……

学一学

调查研究法是有目的、有计划、系统了解实际情况，从中发现存在的问题、把握事物的本质特征和发展规律的研究方法。做调查研究是一种有意识、有目的地探索未知领域的认识活动。通过调查研究，我们不仅能了解现实问题、验证假设、解决既定问题，还能发现新问题。调查研究法具有适用性广、效率高、形式灵活、手段多样、简便易行等优点，所以，该方法被广泛应用于各种课题研究。

1. 调查的组织方式。

依据调查对象的范围，可将调查划分为普查、抽样调查、重点调查、典型调查等。

（1）普查。普查主要用来调查属于一定时点上的事物的总量，属专门组织的一次性调查，如我国第六次全国人口普查。普查的优点在于它是全面调查，得来的数据是全面的，也是比较可靠的。但这种方法的局限性也很明显：首先，普查调查范围广、工作量大、费时、费力、耗资巨大，所以该方法一般只限于国家和地方政府主办，个别研究者和研究单位往往无力承担；其次，普查工作量大，参与人多，发生错误的机会也多，所以这种方法得来的一些资料并不一定比抽样调查来得可靠。

（2）抽样调查。抽样调查是指按照科学的原理和计算从所要研究的现象的全部分析部位中按随机原则，抽取部分单位进行调查，取得资料后，再根据样本的实际数据对总体的数量特征做出具有一定可靠程度的估计和判断的方法。抽样调查具有经济性好、实效性强、适应面广、准确性高等特点。抽样调查数据之所以能用来代表和推算总体，主要是因为抽样调查本身具有其他非全面调查所不具备的特点，主要是：①调查样本是按随机的原则抽取的，在总体中每一个单位被抽取的机会是均等的，因此，能够保证被抽中的单位在总体中的均匀分布，不致出现倾向性误差，代表性强。②是以抽取的全部样本单位作为一个"代表团"，用整个"代表团"来代表总体。而不是用随意挑选的个别单位代表总体。③所抽选的调查样本数量，是根据调查误差的要求，经过科学的计算确定的，在调查样本的数量上有可靠的保证。④抽样调查的误差，是在调查前就可以根据调查样本数量和总体中各单位之间的差异程度进行计算，并控制在允许范围以内，调查结果的准确程度较高。基于以上特点，抽样调查被公认为是非全面调查方法中用来推算和代表总体的相对最完善、最有科学根据的调查方法。

（3）重点调查。重点调查就是在研究事物的总体中，选取其中的重点单位进行调查。这些重点单位在全部单位中虽然只是一部分，但它们在所研究现象中举足轻重，对全局有决定性作用。重点调查的主要作用就在于以较小的时间和力量，比全面调查更加及时地掌握基本情况。重点调查的主要特点是：投入少、调查速度快、所反映的主要情况或基本趋势比较准确。如我们要了解全国钢铁生产的增长情况，只要对全国为数不多的大型钢铁企业的生产情况进行调查就可以了。

（4）典型调查。典型调查是指根据调查研究的目的，在若干同类调查对象中选取一个或几个有代表性的对象进行系统、周密的调查研究，从而认识这一类对象的本质特征、发展规律，找出具有普遍意义和有价值的经验和值得借鉴的教训。此法又叫"解剖麻雀"。其优点是了解的事物生动具体，资料详尽，对问题的研究深入细致，调查方法灵活多样。可以长期蹲点深入实际，直接观察，也可开调查会或个别访问。投入的人力也不多。但调查的面较窄，难以反映事物的全貌。

2. 几种常见的调查方法。

（1）问卷法。

问卷作为社会调查收集资料的一种工具，其主要形式是一份预先精心设计好的问题表格，用途在于测量人们的行为、态度和特征。它使用统一编排印刷的问卷，通过被调查者自选或自填回答来了解情况。

问卷设计要符合以下基本原则：合目的性原则、合对象性原则、完备性原则、逻辑性原则、明确性原则、非诱导性原则、可操作性原则。

一份完整的问卷包括五个部分：题目（标题）、卷首语、问题和答案、编码及其他资料。问卷的题目设置需要有一句话简明扼要地概括问卷调查的基本内容，常常以"关于……的调查"为基本形式。卷首语是调查者致被调查者的一封简单的信，卷首语的内容应该包括：调查的目的、意义和主要内容，选择被调查者的途径和方法，对被调查者的希望和要求，填写问卷的说明，回复问卷的方式和时间，调查的匿名和保密原则以及调查者的落款等。为了能引起被调查者的重视和兴趣，争取他们的合作和支持，卷首语的语气要谦虚、诚恳、平易近人，文字要简明、通俗、有可读性，一般包括调查询问的问题、回答问题的方式以及对回答方式的指导和说明等。问题和备选答案是问卷的主要组成部分，问题按照备选答案给出的情况分为开放型、封闭型、半封闭型三种类型。编码就是把问卷中询问的问题和被调查者的回答，全部转变成为 A、B、C 或 a、b、c 等代号或数字，以便运用电子计算机对调查问卷进行数据处理。其他资料包括问卷编号、被访问者的地址或单位（可以是编号）、访问员姓名、访问开始时间和结束时间、访问完成情况、审核员姓名和审核意见等。这些资料，是对问卷进行审核和分析的重要依据。

问卷设计包括以下主要步骤：第一是探索性工作，问卷设计者首先要熟悉选题和了解基本情况，并进行一定时间的粗略访谈，围绕着所要研究的问题同各种各样的调查对象交谈，从而为问卷设计打下良好的基础。第二是形成问卷初稿，研究者要将课题形成的各种思考具体化、逻辑化，编制出各种问题和答案，寻找问题与答案的有效形式，并对不同的问题进行组合排列，最终形成问卷的初稿。第三是问卷的试用和修改，问卷一经发出，一切潜在的问题和错误都将直接展示在被调查者面前，出了问题基本上无法挽回，问卷设计初稿完成后不能直接用作调查，必须先进行试用和修改。第四是问卷付印，经过试用和修改后，先做好校对，就可以付印了。

（2）访谈法。

访谈法是研究人员通过有目的地与调查对象直接交谈，来获取社会信息的研究方法。这种方法与我们日常生活中相互间的交谈有许多不同之处。首先，访谈有预定的计划、有专门的主题、有一定的工具（如调查表）或辅助手段（如录音机）。其次，访谈主要由被调查者提供信息，而日常交谈则是双方相互交换信息。访谈法相对于其他调查方法，具有以下方面的优点：认识社会现象的广泛性、研究问题的深入性、资料收集的可靠性、调查方式的灵活性。但也有费用大、时间长等缺点。

访谈法的实施包括以下主要步骤：第一是访前准备，访谈前需周密细致地完成下列工作，确定访谈的主要内容、选择适当的访谈方法、制定调查提纲和所需表格、确定合适的访谈对象、了解受访者的基本情况、拟定实施程序表（时间、地点等）、备齐访谈工具。第二是实施访谈，包括获准进入访谈、建立信任、正式访谈、做好访谈记录。第三是结束访谈，要控制好时间，在预定的时间内结束访谈，同时要善始善终，做好最后的收尾和道别工作。

访谈的形式可以是个别访谈，与被调查者逐个谈话，也可以是集体访谈，即以座谈会的形式展开访谈。

3．开展调查研究的基本步骤。

（1）明确调查目的。根据同学们自己所选定的研究性学习课题确定调查目的。如广东华师附中同学的研究性学习课题是"广州黄埔鹭林生态调查分析"，那么他们的调查目的就可以确定为保护鸟类和生物多样性。

（2）确定调查内容。根据自己的研究课题需要哪些相关资料确定相应的调查内容，如"广州黄埔鹭林生态调查分析"的调查内容确定为广州黄埔地区鹭鸟的种群情况及生态习性、当地自然环境、社会环境及保护措施等。

（3）确定调查对象及范围。调查对象的确定要依据研究课题的需要而确定。如李吉雄老师在指导同学们进行"宝安（新安街）花卉市场调查"时，就根据花卉的消费对象，指导学生设计了两份问卷，一份问卷的调查对象是大企业、酒店主管花卉采购的人员，一份问卷的调查对象是学生、家庭主妇、路人等。确定了调查对象后，还需进一步明确调查的范围，一般根据课题需要，可分为全面调查、抽样调查、典型调查等。

（4）选取适当的调查方法。常用的调查方法有访谈法、问卷法等，这些方法各具特色，可以根据研究课题的需要，互相结合起来使用。

（5）培训与准备。请有关专家对调查人员进行必要的培训，包括调查态度和调查技能的培训。此外，还应该注意筹备必要的资金和设备等，做好与被调查单位的接洽工作，并争取有关单位的支持，保证调查工作的顺利开展。

（6）实施调查活动。

（7）整理调查材料，分析调查结果，并得出调查结论。在全部调查结束后，要对来自各个方面的材料加以分类归纳，分析提炼，最后获得比较明确的结论。对调查结果的处理，是整个调查研究中最重要的环节，一般的处理方式有：归纳法（由个别到一般的逻辑推理方法）、对照法（将调查来的两组或两组以上的材料加以对照比较，从中获得有关结论）、计算法（计算调查数据）、图示法（用图示表达调查结果）和编程处理法（将查找到的资料信息存于磁盘，通过一定的计算机程序处理，获得结论）。

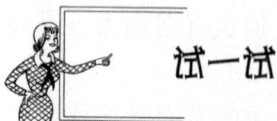

试一试

你有过进行问卷调查的经历吗？你有过访谈调查的经历吗？阅读附录二援助站②"宝安（新安街）花卉市场调查"，结合自己或他人的研究案例，提出调查研究的完善修改意见。

评价要点

1. 调查目的与对象是否明确。
2. 调查方法的选取是否适宜。
3. 问卷等调查资料分析整理的态度是否严谨。
4. 调查报告是否清晰明了。

四、青铜器与中国古代神话
——文献研究法

"青铜器与中国古代神话"这个课题选用了文献研究的方法，具体是这样进行的：

1. 课题组讨论资料查询的途径，然后进行小组分工。

2. 到校图书馆、区图书馆去搜集有关图片和专著。

3. 以"青铜器""博物馆"为关键词在网上进行查寻和下载有用信息。

4. 对收集的资料进行分析处理。收集到的资料有些虽然与青铜器有关，但与中国古代神话关系不大，即与主题不太一致，所以必须在小组综合的基础上，对资料进行初步的筛选和分类，排除次要的缺乏代表性的类别，选择与主题相关的类别作为重点分析对象。另外，很多资料比较零散，必须理顺。

5. 补充资料。对不够充分的资料，例如青铜器图案的图片不够丰富，就必须进行补充。

七嘴八舌

A：为何不到市博物馆收集资料？

B：到客家围屋去看看，一定会有收获。

C：实验研究和调查研究前，都该先去查查文献资料！

D：……

学一学

文献是人们用文字、图形、符号、声频、视频等技术手段建立起来的储存与传递信息的载体。文献研究法就是根据所选定的课题，进行相关文献资料的搜集、整理、分析、提炼，并通过对文献的研究形成对事实的科学认识的方法。文献研究法既是最基础和用途最广泛的搜集资料的方法，也是一种独特的和专门的研究方法。相对于其他收集资料的方法，它体现出一些比较突出的特点：一是没有时空限制，文献研究处理的资料是间接性的第二手资料，所以使用文献法可以超越时空限制，研究那些不可能亲自接近的研究对象。二是没有反应性问题，文献法不直接接触研究对象，不会产生由于接触研究对象而发生的干扰，因而不会造成资料的失真。三是效率高、花费少，文献法是获取知识的捷径，它可以用很少的人力、经费、时间，获得比其他调查方法更多的信息。

1. 文献资料的收集。

（1）收集文献的渠道。主要有图书馆、档案馆、博物馆、科研教育事业单位或机构、学术会议、个人交往和计算机互联网等。

（2）收集文献的方式。收集研究文献的方式主要有两种，即检索工具查找方式和参考文献查找方式。

检索工具查找方式指利用现成（或已有）的检索工具查找文献资料。现成的工具可以分为手工检索工具和计算机检索工具两种。手工检索工具主要有目录卡片、目录索引和文摘。计算机检索目前主要是利用互联网搜索引擎（如谷歌、百度等）对所输入的关键词进行检索，找到所需要的信息，但网络信息鱼龙混杂，真假难辨，应尽可能选用正规网站或大型专业网站的文献。

参考文献查找方式又称追溯查找方式，即根据作者文章和书后所列的参考文献目录去追踪查找有关文献。

（3）积累文献。是另外一种搜集文献的工作形式。每一个研究课题都需要汇集、积累一定的文献资料，而每一个课题的研究过程同时也是一个新文献资料的添加过程。

（4）选择和鉴别文献资料。在搜集文献的过程中，应注意：①要获得足够的文献资料，孤证不立。②要尽量搜集新的文献。③要注意搜集原始资料。因为原始资料的准确性、可靠性要相对高些。④要注意文献资料观点的多样性。不但要搜集观点一致的材料，也要学会搜集观点不一致的资料，这样可以学会比较分析。⑤要尽量搜集多种类型的资料。文献资料可以是文字的，也可以是图片、声音、图像的；可以是直接的，也可以是间接的；可以是中文资料，也可以是外文资料。

2. 文献研究法的主要种类。

（1）内容分析法：是指从现有文献或文本的显性内容中分析出可进行定量研究的系统信息的一种文献法。例如，第二次世界大战期间，美国同盟国政府的情报部门就通过监听欧洲电台播放的流行音乐的数量和类型，将它们与德国电台和其他德国占领区内电台的音乐节目相比较，用来推测欧洲大陆上盟军反攻的战况。

内容分析的一般过程包括：①确定课题，即明确研究问题和研究目的；②抽样，即确定总体与分析单位并抽取分析样本；③类目设计，即依据测量和量化的原则就分析单位内容资料的维度分解设计出编码单；④编码记录，即按照预先设计的编码单对样本中的每一个分析单位就分析内容完成编码工作，从而把分析样本转化成分析类目的数据形式；⑤信度评判，即对量化结果，关于样本两个以上的独立编码之间要有满足一定要求的一致性；⑥统计分析，即最后要靠数据作出事实判断。

（2）统计文献分析法：是指利用现有统计文献（即现有官方或准官方统计资料）来从事相关课题的研究方法。例如，迪尔凯姆的经典之作《自杀论》，就从既有官方或准官方统计资料搜集到大量的相关数据，并加以统计分析，否定了前人导致自杀原因的"心理论"和"自然论"，并提出了自杀原因的"社会论"。

试一试

选择自己关注的研究主题，通过文献资料收集与分析，撰写800字的研究概述。并对自己收集文献的途径和方法、信息的筛选和处理能力做个简单评价。

评价要点

1. 文献研究的目的明确。
2. 文献资料是否收集自原著等原始资料。
3. 查阅、梳理文献的严谨态度。
4. 研究过程的个人感悟。

五、太仓沙溪与昆山周庄旅游资源
——比较研究法

"太仓沙溪与昆山周庄旅游资源的对比研究"进行了诸多维度的对比。

1. 从总体上看——

沙溪：别致的临水建筑、古宅密集的老街和古朴雄浑的古桥，是沙溪现存文化遗迹的三大特点。一岛一河二街三桥构成主要格局。

周庄：依河成街、桥街相连、傍河筑屋、深宅大院、重脊高檐、河埠廊坊、过街骑楼、桥上石栏、临河小阁，是"小桥、流水、人家"的典范。

评述：两者皆具江南水乡小镇之美，在总体特色上大致相同。

2. 从名人资源上看——

沙溪：主要名人有天国监军韩占延、教坛楷模刘师竹、留美学者胡粹士、新舞蹈发起者吴晓邦、名噪一时的顾阿桃、民国要员陆京士。其中较为有影响的是后三位。在访问中，我从受访者的反应中看出后三位在民众中很有影响力。

周庄：著名的有公元 3 世纪时的文学家张翰、曾在此寓居过的唐代著名诗人刘禹锡、常来周庄垂钓访友的唐代诗人陆龟蒙、曾建屋于此的富商沈万三后裔、南社诗人叶楚伧。

评述：在名人资源方面，两地本身差异并不大，都没有什么叱咤风云的伟人，只有刘禹锡和陆龟蒙有一定影响，可惜他们都并非周庄人，因而渊源并不很深。而给人感觉上两地拉大差距的主要原因在于挖掘与宣传。周庄在这方面做了大量工作，挖掘名人轶事，结合名人故居，再通过导游的讲解，使旅游的文化品位有所提高。另外，周庄出版了许多种出版物，详细介绍各名人，渲染人文色彩，给人留下较深的印象。而沙溪方面，政府并未在这方面做系统编撰工作，只有一本民间出版物对 7 位名人作了简要介绍。吴晓邦故居里有其生平简介，但比较死板；陆京士的故居修缮工作目前才刚刚起步；利用顾阿桃带来的名人效应尚在设想之中……

平行事例

宝安中学学生会学习部的"高中物理学习情况比较研究"是这样进行的。

他们在高二理科班中选择物理成绩等级为 A、C、D 的学生各 20 名，作为调查对象。通过对这三个层次学生的问卷调查、比较，研究了影响物理学习兴趣、学习成绩的主要因素，并提出了搞好高中物理教学的建议。

他们对这三个层次的学生从 10 个方面进行了比较：①性别；②父母的文化程度；③开始对物理产生兴趣的时间；④对物理产生兴趣的主要原因；⑤物理中最难学的内容；⑥取得好成绩的主要原因；⑦感到物理难学、没有兴趣的主要原因；⑧学好物理的最重要因素；⑨高中物理课本上的习题能独立完成的量；⑩你认为物理课最好的教学方法是什么。

比较结果：

（1）物理成绩优异的学生中男生人数明显多于女生。

（2）全体学生的父母受教育程度一般，高学历者为少数。

（3）物理成绩优异的学生一般在初中阶段对物理产生兴趣。

（4）对物理成绩优异的学生来说，物理学科本身有趣、有用，联系实际是他们产生兴趣的最主要原因。而成绩中等和偏差的学生产生兴趣的首要因素则取决于教师的教学好坏。

（5）无论对物理成绩优异的学生还是对成绩中等或偏差的学生，难点都是存在的，难点比较集中在振动和波及电磁感应这些抽象的内容。

（6）物理成绩优异的学生取得好成绩的主要原因是兴趣和勤奋。

（7）对物理成绩中等和偏差的学生来说，学习方法不对头及没有良好的学习习惯是他们在学习上感到困难的主要原因。

（8）成绩偏差的学生自学能力差一些。物理成绩偏差的学生比成绩优异的学生更重视做习题，成绩中等和偏差的学生没有把和同学讨论、研究问题作为学好物理的重要方法。物理成绩优异的学生的学习也主要着重书本，轻视自己动手实验，学生之所以轻视实验，与教师平时的引导、高考的压力和实验考查流于形式不无关系。

（9）物理成绩优异的学生自学能力很强，潜力很大，而物理成绩中等和偏差的学生在这一点上刚好与成绩优异的学生形成明显的反差。物理成绩优异的学生的不懂之处与成绩中等和偏差的学生的不懂之处有许多差异。

他们提出了搞好高中物理教学的几点意见：

（1）搞好初中、高中物理教学的衔接。

（2）教师要加强教学难点的研究。

（3）加强对学生学习方法的指导。

（4）对学有余力的学生，向他们介绍物理学的发展、变化，举办竞赛讲座，积极引导他们参加物理竞赛，让他们做一定数量的难题。

七嘴八舌

A：也可以不局限于两地的比较吧？

B：还可以做同一地点不同历史时期的情况比较。

C：比较的角度可以这么多啊！

D：结合我们自己生活的比较，更让人感到亲切！

E：……

学一学

爱因斯坦曾指出："知识不能单从经验中得出，而只能从理智的发明同观察到的事实两者的比较中得出。"比较研究方法就是根据一定的标准，把相关的事物放在一起进行考察，对比其异同，以把握事物特有的质的规定性的研究方法；亦即从相互联系和差异的角度观察和认识事物，进而探索事物发展规律的研究方法。如，通过对 19 世纪中国和西方文化的比较研究，可以概括总结出近代历史上中国从封建王朝顶峰衰弱到谷底、而西方则从弱小变为列强的原因等。

1. 比较研究法的特点。

广义地说，比较研究法是应用最为广泛的一种科学研究方法：任何科学研究都要采用比较的方法；任何相对独立的研究方法（如观察法、调查法、实验法、文献研究法等）之中都包含着比较研究的成分；一项课题研究的各主要环节都需要比较法的参与——通过比较选择有价值的研究课题，对文献材料进行比较分析，对实验、调查、观察所采集的数据资料通过比较进行整理加工，用比较的方法对整理后的资料进行定性和定量分析并形成研究结论，甚至研究成果的鉴定过程也有比较方法的参与（与预定目标的比较，同类研究成果的比较等）。似乎可以这样说，没有相互联系事物的质和量的比较，就没有科学研究。应用的广泛性和对于其他研究方法的渗透性，是比较方法的最大特点。

但并不意味着比较研究法仅仅作为一个"成分"、"要素"，或者作为一种思维方法，存在于其他研究方法之中；比较研究法，就像调查研究法、实验研究法一样，也是一种具体的研究方法。也就是说，有一些课题的研究需要把比较法作为主要的研究工具，再配合其他的方法来开展研究工作。

2. 运用比较研究法的基本要求。

（1）研究的个案资料要有可比性。所谓可比性，是指比较对象之间的现实性必须属于同一范畴，有一定的内在联系，并能用同一个标准去衡量和评价。可比性由两方面构成：一是差异性和矛盾性（具有各自本身的特点才能进行比较）；二是同一性和相似性。如：上面提到的中、西方文化对近代史的影响研究。

（2）资料的准确性和可靠性。用于比较研究的资料必须是真实可靠的，具有客观性；能反映普遍情况，具有代表性；能反映研究对象的本质，具有典型性。

（3）聚集本质进行比较。著名哲学家黑格尔曾说："假如一个人能看出当即显而易见之异，譬如，能区别一支笔与一只骆驼，我们不会说这人有了不起的聪明，同样，另一方面，一个人能比较两个近似的东西，如橡树和槐树，或寺院与教堂，而知其近似，我们也不能说他有很高的比较能力。我们所要求的，是要能看出异中之同和同中之异。"比较研究不是罗列一些表面的异同现象，也不是只抓了细枝末节而忽视了本质的东西，而是需要借助理性思维，要透过现象分析原因，从共性和差异中阐明本质属性。

3. 比较研究方法的种类。

（1）同类比较研究与异类比较研究。

同类比较研究是比较多种同类事物，通过鉴别其异同来认识事物发生、发展的特殊性和该类事物共同规律的方法。同类相异点的比较，可以找到事物发生发展的特殊性。同类相同点的比较，可以找到该类事物发生发展的共同规律。

异类比较研究是通过对两种以上性质相反的事物或一个事物的正反两方面进行比较，发现它们在不同表征下的异同之处（特别是异中之同），从而探寻某些规律的研究方法。异类比较，反差大，结果鲜明，往往能够发现新问题、揭示新规律。

（2）纵向比较研究与横向比较研究。

纵向比较研究是对同一事物在不同时期的状况进行比较，从而揭示其发展变化规律的方法。它是按照事物发展的时间序列纵向展开的，通过事物在不同时期的表现状况和演进历程的动态展示，搞清楚其来龙去脉和不同时期的不同特点，进而揭示事物发展变化的规律。

横向比较研究是同类事物在同一个时期之内的比较，在相对静止的状态（稳态）下研究这些现象的异同。如，对学生而言，看看其他同学的学习情况，自己排在班级的哪个位置就是横向比较。

对于复杂的问题，人们在进行比较研究的时候，常常把纵向比较与横向比较结合起来运用，以深刻认识事物的现状和变化趋势。

（3）定性比较研究与定量比较研究。

定性比较研究是通过事物间的本质属性的比较来确定事物的性质、特点和趋势的研究方法。定量比较研究是通过事物间数量关系的分析比较来判断事物的变化趋势的研究方法。

（4）单向比较研究和综合比较研究。

单项比较是按事物的一种属性所作的比较。综合比较是按事物的所有（或多种）属性进行的比较，单项比较是综合比较的基础。但只有综合比较才能达到真正把握事物本质的目的。因为在科学研究中，需要对事物的多种属性加以考察，只有通过这样的比较，尤其是将外部属性与内部属性一起比较才能把握事物的本质和规律。

4. 比较研究法的基本步骤。

（1）选定比较的主题。首先根据研究课题确定比较的内容，限定比较的范围；其次按比较主题统一比较标准，比较标准既有可比性又有稳定性。

（2）广泛搜集、整理资料。通过调查、实验、查阅文献等多种方法，尽可能客观地搜集所要研究的课题的有关资料。

（3）对搜集的资料进行解释、比较分析和评价。

（4）通过理论与实践论证所得的结论。

试一试

1. 阅读弗兰茨·卡夫卡的《变形记》与鲁迅的《祝福》，对它们进行比较研究。

2. 在网上搜索一篇比较研究报告，阅读并具体感受比较研究方法的基本步骤。

3. 请对身边同学在日常生活中使用"微信""QQ"和"微博"等社交软件做一个比较分析。

评价要点

1. 比较的主题是否明确。

2. 用于比较的资料是否准确可靠。

3. 比较研究方法的种类选择适宜。

4. 在比较研究过程中的意外发现。

六、服饰是历史的镜子
——历史研究法

服饰与历史（摘选）

服饰在人类生活中占有极其重要的地位，是人类特有的劳动成果。除了满足人们物质生活的需要外，服饰还同社会的经济基础、政治制度、思想意识、风尚习俗及审美观念紧密相连，是体现一个民族文化的重要标志。

为了了解古代各个时期的政治、经济、文化、对外交往、生活习俗、审美情趣、色彩爱好以及宗教观念对服饰的影响，提高我们收集、整理材料的能力，提升分析问题、解决问题的能力，我们决定做"服饰与历史"这样一项研究，分析服饰与历史文明进程的关系。

我们的研究结果及分析分为三个部分：

1. 服饰的起源。

《礼记·礼运篇》有"未有火化，食草木之实，鸟兽之肉，饮其血，茹其毛。未有麻丝，衣其羽皮"的记载。说明远古的先民们以鸟兽皮毛遮掩身体和保暖。这便是原始服饰出现的雏形。

旧石器时代末期，人们用经过沤制后的树皮留下的纤维结成片状物围身，这就是纺织物的前身。母系氏族公社时期，人们用葛和麻制成线和绳，编结成织物，人类进入了纺织时代，服装也正式进入人们的生活之中。新石器时代晚期，人们用蚕丝制成织物。考古发掘证明，目前发现的最早的丝织品距今已有七千多年了。

2. 服饰的功能。

蔽体御寒是服装的首要功能。但是随着阶级社会的出现、等级制度的产生、上下尊卑的区分，各种礼仪应运而生，服装的功能就复杂了。尤其在中国，衣冠服饰成了统治阶级"昭名分、辨等威"的参照物，成为了一种工具。对不同地位、身份的人，在不同的场合穿什么衣服、戴什么帽子、佩什么饰物都有严格的规定。因此，服装制度成为君王实政的重要制度之一。服装就成了政治的一部分。

3. 从历史发展看各朝服饰。

（1）夏商时期的服饰。

夏商时期，是中国奴隶制社会的确立与发展时期。阶级对立、等级制度已经基本形成，这在服饰穿戴上也有一定程度的表现。奴隶主服饰质地优良，色彩艳丽；而平民和奴隶的服饰粗糙低劣，色调单一。从黄帝、尧、舜到夏商西周时期的统治者都穿着一种上玄衣、下黄裳的服装。这种服装的样式和颜色是出于对天地的崇拜而产生的。

（2）昭名分、辨等威的西周服饰。

周朝时什么样的人穿什么样的服饰，在什么场合穿什么样的服饰都有严格规定。这些服饰严格区分了天子与官僚、贵族与平民的等级差别，形成了一整套的冠冕制度模式，影响了自商周以来三千年封建社会的服饰文化。

（3）创新的春秋战国服饰。

春秋时期，诸侯坐大，连年战争，各种礼仪逐渐废除。战国时期，七国崛起，各自独立。思想学术方面空前成熟，服饰文化方面也处于"百花齐放"的状态，呈现出一派绚丽多彩的景象。

（4）古朴端庄、等级严明的秦朝服饰。

秦王嬴政当上始皇帝之后，立即着手推行一系列巩固中央集权的措施，将诸如度量衡、刑律条令等各国遗留下的"异"转化为"同"，其中就包括衣冠服饰制。秦始皇是首个将阴阳五行思想渗进服饰中的帝王。

（5）汉朝服饰。

随着经济的繁荣、政权的稳固和对外交流的日益活跃，汉朝朝野上下追求奢靡生活，服饰穿戴也逐渐丰富考究，形成了群臣百官和富商巨贾竞尚奢华、"衣必文绣"、贵妇服饰"穷极美丽"的状况。东汉明帝时重新制定了祭祀服制与朝服制度，冕冠、衣裳、鞋履、佩绶诸方面等级森严，由此诞生了汉代的服制。

（6）奇装盛行的魏晋南北朝服饰。

魏晋南北朝是我国古代服装史的大变动时期。服饰文化出现了一种各民族之间相互吸收、互相融合的局面。

（7）雍容富丽的唐朝服饰。

唐朝是中国封建社会的鼎盛时期，是我国政治经济高度发展、文化艺术繁荣昌盛的时代，也是中国古代服饰发展史上的重要时期。

唐高祖李渊对皇帝、皇后、群臣百官、命妇、士庶等各级各等人士的衣着、色彩、佩戴诸方面都作了详细的规定，唐朝的衣冠制度正式确立。

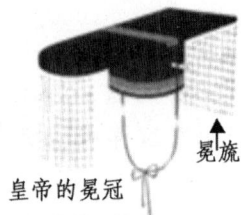

冕旒

皇帝的冕冠

（8）质朴保守的宋朝服饰。

宋朝统治者注重文治，竭力推崇程朱理学。这种理学观点影响到人们的着装，使宋朝的服装一改唐朝服饰雍容华贵、恢宏大气的特点，服装造型封闭，颜色严肃淡雅，色调趋于单一。如果说大唐的服装是华贵的礼服，那么，宋朝的服饰则是当之无愧的简洁舒适的休闲服。

（9）异族风情的元朝服饰。

元代人的衣服主要是"质孙服"，是较短的长袍，比较紧、比较窄，在腰部有很多衣褶，这种衣服很方便骑射。元代的服饰既推行其本族制度又承袭汉制，如皇帝及高官的服饰仿照先秦时代的古制而成。

（10）明朝服饰。

朱元璋推翻元朝建立大明帝国后，下诏禁胡服，衣冠悉如唐代形制，明代开始整体上大致恢复汉人衣冠。

明朝是封建专制统治空前强化的时代。这种专制反映在服装上便是对服装的样式颜色和装饰图案都作了非常具体的规定，从而形成了明朝服装的特色。例如在官服上缝缀补子（方形布帛，长宽约40厘米），以补子上不同的花纹来区分等级。以动物为标志，文官绣禽，武官绣兽，使人一望而知其品级。"衣冠禽兽"来自于此，只不过后人将寓意引申到了其他方面。以补子上不同的花纹来区分等级的做法，清朝继续沿用。

（11）华贵繁复的清朝服饰。

清代是个满汉文化交融的时代，体现在服装文化亦如此，也是保留原有服装传统最多的非汉族王朝。清服是中国古服与近代服的交接点，它的存在是以后发展到近代男士的马褂长袍、女士的旗袍的前提。

清代官服以顶戴花翎显示其不同的身份和地位。男子的服饰以长袍马褂最为流行。妇女服饰在清代可谓满、汉服饰并存。清代中期始，满汉服装各有仿效，至后期，满服效仿汉服的风气颇盛，甚至史书有"大半旗装改汉装，宫袍截作短衣裳"之记载。而汉族仿效满族服饰的风气，也于此时在达官贵妇中流行。

历史是社会的镜子，它完全真实地反映了社会的兴衰存亡，毫无保留地记载着人们在不同时期内的生活状况。而服饰，也堪称历史的镜子，这面镜子是独特的，因为它本身就是历史的一部分，但如果你细致地观察某个时期的服装形式、风格，会发现它恰恰把历史淋漓尽致地体现出来了。服饰无疑是历史美丽的、趣味的镜子。（贾立平）

A：好漂亮的服饰！文化内涵还那么深。

B：语言与历史的关系更大，做这个研究不好吗？

C：我是客家人，客家人的迁徙也可以从历史的角度来研究哦。

D：你知道吗，饮食文化也与历史有很大关系。

E：……

学一学

历史研究法是通过对史料进行分析、鉴别和整理，以认识研究事物的过去、现在和预测它未来的一种研究方法。这种方法的实质在于探求研究对象本身的发展过程和人类认识该事物的历史发展过程。历史研究法是一种最基本的研究方法。该方法不仅用于历史学研究，也应用于人文社会科学和自然科学领域。这主要是由于任何事物都有一个发展过程，研究现在的事物，不能不追溯它发展的轨迹。探究现实中的任何问题，都应该把这一问题置于一个空间上的横坐标和时间上的纵坐标轴进行，看问题、研究课题都应该有"历史感"，并尽量探寻研究对象演变发展的规律。同时历史学作为一门古老而成熟的学科，其自成体系的研究方法为我们课题资料的搜集、鉴别以及问题的分析论证等方面提供了一些具体的方法。

1. 历史研究法的基本特点。

（1）历史性。总是以历史的眼光观察研究对象、探寻研究对象的发展轨迹。

（2）具体性。在丰富而具体的文献资料基础上，揭示研究对象发展过程中的规律。探讨问题不是从先入为主的理论出发，而是从具体的资料出发，注重资料的搜集。

（3）以逻辑分析方法为主。历史研究，虽然也可能搜集到某些数据资料，却很少可能进行系统的定量分析，它主要采用逻辑分析的方法，从纯粹的抽象理论的形态上来揭示对象的本质，通过概念、判断、推理研究事物发展过程的矛盾运动，认识其发展规律并形成科学观点乃至理论体系。

2. 历史研究法的适用范围。

一般来说，这样几类课题适合于用历史研究法来研究：第一，探讨当前的社会问题，如研究高考制度的改革，就要研究高考制度演变乃至科举制度。第二，历史人物或事件、当今人物或事件。第三，社会组织、机构的发展历程，如研究一所学校、一个家族的历史。第四，修正前人的观点，重新解释他人已经研究过的问题，提出新证据或新见解。

3. 历史研究法的基本步骤。

（1）确定研究问题。确定研究问题的关键之处在于关键术语的界定和使用。历史研究是寻找过去的事实，并在这个基础上描述、分析和解释过去。所以，关键术语的逻辑一致性就显得十分重要。我们必须处理好两方面的问题：一是要避免关键术语的模糊不清。任何特定情境下术语的含义都是具体的，如果我们不能清楚界定这些术语，那么在研究过程中就会造成误读和误解。比如"教育"一词，在不同的历史时期，它的含义是很不一样的。在研究"教育"的历史含义时，就要理清哪些是我们视野中的"教育"，历史上"教育"的涵义与今天有哪些不同。二是防止混淆关键术语在不同历史时期的含义。人们总是自觉或不自觉地把过去的术语赋予今天的含义，或者赋予在历史上根本没有存在过的意义，这就是对历史的曲解或误解。所以确定研究问题首先必须界定关键术语。

（2）历史资料的搜集、分析与鉴别。史料，指的是人们对历史事件的记述以及与历史事件有关的实物或遗迹，可分为文字史料、实物史料和口传史料。应用多种方法尽可能地搜集与研究问题有关的史料，并用各种方式对所搜集的史料进行真伪鉴别。历史研究法注重第一手材料的搜集和利用，主要包括当事人、当时人留下的原始记录和实物，如日记、文书碑刻、文物、原始档案等，而当时人的转述和后人记载属第二手材料，特别需要鉴别真伪，且不能作为主要论证的依据。

（3）对史料进行分析研究并形成结论。通过分析的方法，进一步揭示历史的发展过程，说明过去、现在并预测未来。采用的分析方法主要有两种：第一种是历史的分析方法。该方法通过整理、排比史料，在错综复杂的历史中分析和清理出发展线索，明确其内在的相互关系或因果关系，论定问题的是非。第二种是逻辑的分析方法。包括归纳与演绎，分析与综合，抽象与概括，从具体到抽象、再从抽象上升为概念的方法。归纳是由个别到一般的推理方法，演绎是由一般到个别的推理方法。分析是把复杂的现象分为各个组成要素，单独地观察它们，剖析每个组成因素的性质和特征。分析之后，又必须进行综合。即根据分析的结果，把事物或现象的各个要素联成一个整体来认识。抽象是撇开表面的、非本质的属性，集中注意力去掌握事物的本质。概括则是从现象中抽取出其本质属性，再从同类现象中概括出一般特征并形成概念。

试一试

1. 阅读下面几组材料，结合当时的时代背景，评述李昪的治国方针、措施和后果。要求：表述应当成文。限150字左右。

材料一：

唐主（南唐烈祖李昪）即位，江淮比年丰稔，兵食有余，群臣争言："陛下中兴，今北方多难。宜出兵恢复旧疆。"唐主曰："吾少长军旅，见兵之为民害深矣，不忍复言。使彼民安则吾民亦安矣，何求焉！"

摘自《资治通鉴》

材料二：

（烈祖昪元三年春，诏曰）乃者（以往）干戈相寻，地莱（荒芜）而不艺（种植），桑陨而弗蚕，衣食日耗，朕甚闵（悯）之。民有向风来归者，授之土曰，仍给复三年（免徭役三年）。……（其年夏，又下令）民三年艺桑及三千本（棵）者，赐帛五十匹，每丁垦田及八十亩者，赐钱二万，皆五年勿收租税。

摘自《十国春秋》

材料三：

（昪元五年）分遣使者按行（巡视）民田，以肥瘠定其税，民间称其平允。

摘自《资治通鉴》

材料四：

（李昪统治末年，南唐）内外寝兵，耕织岁滋，文物彬焕，渐有中朝之风采。

摘自《钓矶立谈》

2. 如果想了解你就读学校的发展历史：

(1) 在哪里可以找到资料？

(2) 这些资料属于文献资料、实物资料，还是口传资料（访谈）？

(3) 这些资料中哪些是第一手资料，哪些是第二手资料；哪些资料是可信的，哪些资料是不可信的。

3. 到图书馆或者书城搜集中国各朝代的文献资料，说明钓鱼岛自古以来就是我国的领土，注意记录各种历史文献资料的来源渠道和分类。

评价要点

1. 研究的问题是否明确。
2. 文献资料是否具体、丰富。
3. 研究对象发展变化的历史轨迹是否清晰。
4. 通过分析所形成的结论是否贴切。

本章小结

进行课题研究的方法很多，它们各有特点，一个课题可以选用一种或几种方法进行研究。

方法类型	定义	基本步骤
观察研究法	通过感官和仪器，对客观事物进行考察，获得经验和理性认识。	1. 明确目的；2. 制订计划；3. 做好准备；4. 实地观察；5. 形成总结。
实验研究法	针对某一个问题，根据一定的理论或假设进行实践，得出科学结论。	1. 明确目的；2. 提出假设；3. 设计实验方案；4. 进行实验并做好记录；5. 形成结论。
调查研究法	系统地了解一些实际情况，借以发现存在的问题、把握事物的本质特征和发展规律的研究方法。	1. 明确目的；2. 拟订调查内容；3. 确定调查对象；4. 选择适当方法；5. 准备；6. 实地调查；7. 形成结论。
文献研究法	根据研究目的或课题要求，通过查阅、分析、整理有关文献资料，全面地研究某一个问题，揭示其规律的研究方法。	1. 明确目的；2. 收集文献；3. 选择和鉴别文献资料；4. 分析文献内容；5. 形成结论。
比较研究法	根据一定标准，把有联系的事物放在一起考察，寻找其异同，从而抓住事物的规律和特殊本质的方法。	1. 选定比较的主题；2. 收集和整理资料；3. 对资料进行比较分析和评价；4. 形成结论。
历史研究法	通过对史料进行分析、鉴别和整理，以认识研究对象的过去、现状并预测其未来的一种研究方法。	1. 明确对象；2. 分析课题的性质、达到的目标；3. 史料的收集和整理；4. 史料的分析和鉴别；5. 形成结论。

能力挑战

1. 请同学们观察自己所在地10月份室内外温度的变化情况，填写下表，然后根据表中所记录的温度情况，总结出这个月室内外温度变化的规律。

10月份室内外温度变化记录表

日期	7点（℃）		15点（℃）		23点（℃）	
	室内	室外	室内	室外	室内	室外
1						
2						
3						
4						
5						
6						
7						
8						
9						
10						
11						
12						
13						
14						
15						
16						
17						
18						
19						
20						
21						
22						
23						
24						

（续上表）

日期	7点（℃）		15点（℃）		23点（℃）	
	室内	室外	室内	室外	室内	室外
25						
26						
27						
28						
29						
30						
31						

根据上表，本地10月份室内外温度变化的规律是：_____

2. 为验证"镁是植物生长的必需元素"，两位同学进行了实验设计，下列是实验的基本思路（见实验一、实验二）。请分别指出下列实验思路能否达到实验目的，为什么？再写出你的设计思路。

（1）实验一：取生长状况一致的大豆幼苗，用符合实验要求的容器进行培养。对照组容器内只盛有蒸馏水，实验组盛有用蒸馏水配制的镁盐溶液。两组置于相同的适宜条件下培养，并对溶液通气，观察比较两组植物的生长发育情况。

答：_____

（2）实验二：取生长状况一致的大豆幼苗，栽培在盛有砂性土壤的容器中（砂性土壤肥力均匀，容器符合实验要求），对照组浇以蒸馏水，实验组浇以蒸馏水配制的镁盐溶液，两组置于相同的适宜条件下培养，观察比较两组植物的生长发育情况。

答：_____

（3）下面由你进行实验设计，请写出你的设计思路。

答：_____

3. 我国幅员辽阔，民族众多，各种不同风格的民居传承了人类悠远的文化。

（1）请分析下表所给的信息，按要求完成该表。

图片	地理位置、地域气候、民居的材料和功能、当地的生产方式
窑洞	黄土高原主要位于我国温带季风气候区，当地的人们不需要贵重的建筑材料，而是利用黄土壁立不倒的特性，在垂直的黄土壁面上向纵深开挖，建成窑洞。窑洞具有防风避雨、冬暖夏凉的功能。 当地居民以农耕为主。
蒙古包	蒙古包主要见于内蒙古高原，那里地处温带大陆性气候区。蒙古包通常用羊毛毡、柳条等材料搭建而成，不仅能防风御寒，而且易于拆建。 当地居民以游牧为主。
竹楼	（请填写）

（2）由上题的信息可以概括出形成民居建筑差异的主要因素是＿＿＿＿＿＿＿＿＿＿＿和＿＿＿＿＿＿＿。

（3）北京的四合院是中国庭院式住宅的典型代表，通常在南北向纵轴线上建正房，供长辈居住，在东西向横轴线上建对峙的厢房，供晚辈居住，形成主次分明的格局。下列陈述中最能反映北京四合院文化内涵的是（　　）。

A. 结构封闭、安全舒适

B. 尊老扶幼、长幼有序

C. 就地取材、因地制宜

D. 坐北朝南、顺应自然

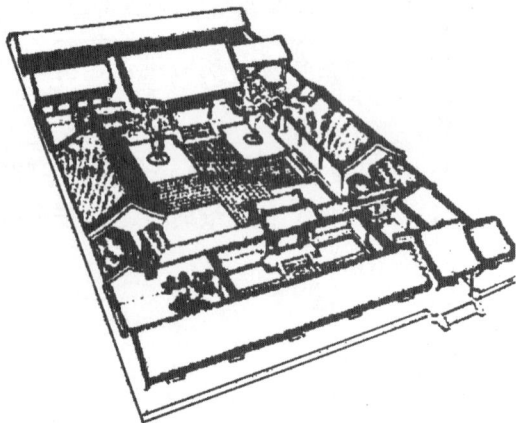

（4）比较上海的石库门与窑洞、竹楼、蒙古包和四合院的异同点，将它们分为两类。石库门与其中的＿＿＿＿＿属于同一类，其理由是＿＿＿＿＿＿＿＿＿＿＿＿＿。

（5）石库门是近代上海历史的产物。它既保留了中国江南民居的形式，又采用了西方简易住宅的排联样式，建筑风格中西合璧，具有独特的研究价值。若用比较的方法，以"石库门建筑的文化特点"为题进行研究，首先要做的工作是_____，理由是_____。

4. 请查找有关的文献资料，了解我国古代科举制度的起源和发展历程，在班级组织一次讨论会，针对这种制度的优缺点发表自己的看法，并谈谈它对今天高考制度的启示。

5. 生态工作者从东到西对我国北方 A、B、C 三种类型的草原进行调查。下表是不同调查面积的物种数量统计结果：

调查面积 cm×cm / 草原类型	10×10	20×20	40×40	80×80	90×90	100×100	110×110	120×120	130×130	140×140
A	3	5	8	14	16	17	19	20	20	…
B	3	5	6	9	11	13	13	13	13	…
C	2	3	5	8	8	8	8	8	8	…

（1）A、B、C 三种类型的草原对放牧干扰的抵抗力稳定性由强到弱的顺序是_____。导致这三种类型的草原物种数量不同的关键生态因素是_____。如果将 A 草原与我国东北针叶林相比，两者之间恢复力稳定性较强的是_____。

（2）调查 B 草原某种双子叶草本植物种群密度时，设计如下调查步骤：

①选取 40cm×40cm 为最佳样方面积。

②在该物种分布较密集的地方取 5 个样方。

③计数每个样方内该植物的个体数。若计数结果由多到少依次为 N_1、N_2、N_3、N_4、N_5，则将 N_3 作为种群密度的估计值。

请指出以上设计步骤中的错误并加以改正。

6. 在你研究的过程中，除了书中的研究方法外，还有没有更好的、更适合你的研究课题的方法？与同学、老师分享一下。

　　收集、积累与消化资料，进而整理、分析、应用资料，是由感性到理性、由实践到认识的重要过程。它与撰写研究报告都是最终形成研究性学习成果的关键环节。

　　下图"研究报告撰写框架"与第二章的"研究方案撰写框架"有许多共通之处。在按照先前制订的"研究方案"完成具体研究之后，我们需要重新审视研究的全过程，对所完成的研究进行系统描述，即撰写研究报告。准备一篇好的研究报告是一项需要付出相当多时间和精力的事情，也是本章学习的价值追求。

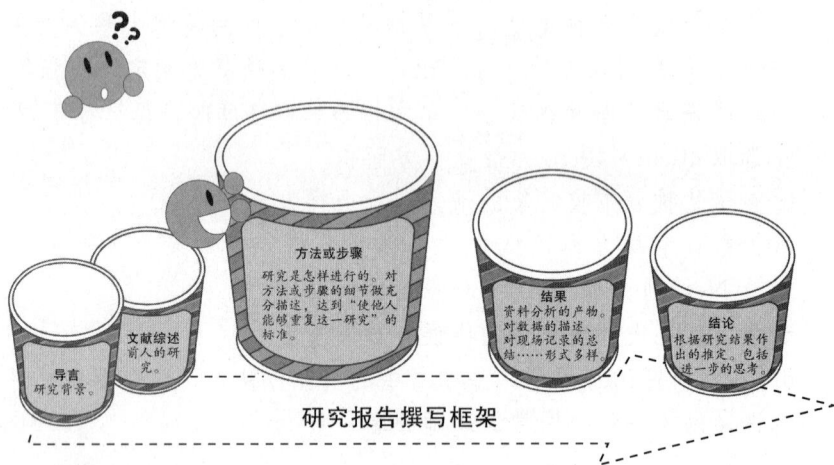

导言
研究背景。

文献综述
前人的研究。

方法或步骤
研究是怎样进行的。对方法应步骤的细节做充分描述，达到"使他人能够重复这一研究"的标准。

结果
资料分析的产物。对数据的描述、对现场记录的总结……形式多样

结论
根据研究结果作出的推定。包括进一步的思考。

研究报告撰写框架

一、我们的研究很可信吗？
——拓宽资料收集的途径

　　刘方圆等同学在做关于"城东区中学生出国留学现象"的研究中收集到了许多资料。除了常见的通过上网、去图书馆查阅期刊文献资料外，他们还通过对高中生发放调查问卷获得了问卷资料，通过对学校领导的专访获得了访谈资料。他们针对选题的特点，前往该区公安局查阅了相关的地方法规文件和户证迁移数据等珍贵的原始资料。资料的形式也非常丰富，有数据图表、摄影照片、录像资料、问卷资料、行政文件、文献资料等，大大地提升了研究的可信度，反映了较为严谨的研究态度。（孔令启）

平行事例

　　杨达宁同学关于"西乡河的呼吁"的研究，一方面通过自己沿西乡河岸拍摄的一组图片作为纪实资料，非常直观地记录了该河流污染的现状，颇具震撼力；另一方面，他还到宝安区地方志办公室查阅了该河的水文、地质及气候资料。

七嘴八舌

A：他们想得还真周全！

B：现在手机功能这么强大，是一个好的收集资料的工具。

C：纪实图片简单易行，我喜欢摄影，就拿镜头来收集资料！

D：你以为什么课题都能这样啊？

E：……

学一学

资料是作任何研究结论的基础，如果缺乏有效资料的支持，则所有结论都是主观臆测。因而收集资料是课题研究中最重要的环节，没有掌握所研究课题的各种材料或数据，就无法开展研究。

资料收集时应该注重资料的可靠性、客观性、准确性及代表性。需要有"实事求是"的科学态度，不能先入为主地从自己的爱好、结论的需要出发，只收集支持自己观点的资料；要对各种观点的资料兼收并蓄，使自己的研究论证立足点更高、更加充分有力，防止以偏概全和主观片面。

资料收集工作一般在选择和确定课题之前就要围绕课题方向来进行，它为课题研究的可行性分析和研究课题的最终确定提供必要的服务。同时，它也贯穿整个研究过程，我们要不断收集研究所需要的相关资料。

资料收集的途径多种多样，主要包括观察、访谈、调查问卷、查阅图书文献、上网、实验等。

由于我们的研究课题可能涉及社会、科学的各个领域，中学生力所能及的获取资料途径往往无法满足研究的需要，这时就必须拓宽资料收集的途径，如在老师的帮助下与课题研究相关的专家、学者取得联系，通过他们获取专业资料等。

课题资料的收集与课题的特点以及要采用的研究方法有关。一个课题往往以某一种研究方法为主，兼用其他方法，资料收集的途径随之就会有所侧重。比如课题是调查研究性质的，就主要通过调查获得资料；如果采用文献研究法研究课题，则主要需要广泛地查找书面资料。无论是哪种情况都应广辟资料之源。要充分开发利用各种资料，包括校内资源、社会公共资源、社区资源和家庭资源。"城东区中学生出国留学探究"的课题就充分利用了学校内部资源，包括校长、教师和职工及图书馆、实验室、计算机房、校园等设施，还充分利用了家长资源、专业部门的人力资源（教育局领导和公安局领导）和电子信息资源，从而使课题的收集资料形式丰富多样。

利用网络是当前我们中学生收集资料的重要途径。我们可以采用下面的一些方法来收集网上资料：一是即时收集。不论是有目的地上网查阅资料，还是无目的地上网冲浪，当我们碰到有用的资料，就一定要把它保存下来。二是通过相关权威网站查找收集。尽量积累一些与研究有关的政府部门或社会组织的官方网站，以减少消耗不必要的时间和精力，优化自己的检索过程和提高查找的效率。三是利用百度、谷歌等搜索引擎进行关键字查找。运用此方法找资料，需要先确定好所需信息的关键词，再进行搜索。对关键词的准确把握非常重要。为了提高网络收集资料的效率，有时还需要我们有联想思维，即由现有的关键词联想到新的关键词，或是将收集到的相关资料进行串联记忆。如何保证网络收集资料的可靠性、真实性呢？除了尽量选用权威网站的资料外，还需要我们多向专业老师和相关专家请教，提高我们的甄别能力。

试一试

1. 如果以"电视节目对中学生思维习惯的影响"为题，你打算收集哪些资料？资料的来源是什么？

2. 现在微信受到越来越多人的欢迎，如果让你来研究各中原由，你打算如何收集资料？收集资料的过程中注意记录是来自自己的思考还是他人的建议。

评价要点

1. 资料收集是否客观、可靠。
2. 资料收集途径是否与研究方法相适应。
3. 资料收集途径是否单一。
4. 是否借助专业网络资源收集资料。

二、新圳河水样分析
——整理、分析和利用资料

我们沿新圳河进行实地考察，发现各河段河水的颜色、气味、水流速度、干湿度、水位不尽相同，部分河段中还出现异样气泡。我们在上、中、下游几个河段各采集几瓶水样，按学校课外兴趣活动小组对水质的一般分析方法，对这些水样进行了观察和酸碱测试（见表1）。

表1　新圳河各河段水样的感官和酸碱的测试

河段	色度	气味	浑浊度	pH值
上游	浅黄色	有异味	少量	中性
中游	黄色	有臭味	较多	中性
下游	褐色	较臭	浑浊	中性

带回来的水样还有其他的研究价值吗？水中还有其他污染物吗？我们又进一步上网查阅有关资料，根据我们现有对水质的分析知识和实验条件，我们决定对水样离子做实验分析（见表2），发现下游水质中含有较多的硫酸根离子。

表2　新圳河各河段水样离子的实验分析

河段	过程	现象	原理	结论
上游	①各取1/3试管的水样②将用稀硝酸酸化的硝酸钡分别加入各段水样中	少量白色沉淀	硝酸钡与硫酸反应生成硫酸钡（沉淀）和硝酸	含有少量硫酸根离子
中游		白色沉淀较明显		含有一定量的硫酸根离子
下游		白色沉淀明显		含有较多的硫酸根离子

是什么原因造成下游水质中含有较多的硫酸根离子？结合我们小组的另外一位同学对新圳河两岸工厂等污染源的调查资料，我们认为下游河段有较多的汽车修理厂、洗车场等倾倒废液，是造成新圳河污染的原因之一。后来，指导老师表扬了我们这种能充分利用收集的原始资料进行课题分析的做法，肯定了我们这种不言放弃、勇于探索的科学精神。（连奉三，谢洪涛）

平行事例

收回"面对甲型H1N1流感的行为调查表"之后，徐燕如等同学在老师指导下，对问卷中有关"应对行为"的资料信息，进行了多角度的对比研究，形成了"不同性别间应对行为特征比较""不同年龄组学生应对方式比较"

"不同学校间学生应对方式比较"几个分报告，不仅使研究更为翔实，更体现了对手中资料信息的充分利用。（孔令启）

A：从不同角度去看一份资料，确实会产生出不同的想法。
B：对资料的分析和整理过程是动脑子的！
C：坐标图和柱形图也是很好的形式。
D：用图表处理数据，简单明了，容易比较。
E：……

学一学

收集来的资料需要经过认真整理、分析才能使用。一般来说，收集到的原始资料或网络资料往往是真伪并存、杂乱无章的，要从这些大量的资料中提取有用的资料，选出真正反映课题本质的资料，这就必须对收集的资料做一番去粗存精、去伪存真的整理、分析工作。

资料整理主要是指对所收集到的各种资料，根据调查研究的目的，运用科学的方法，进行审查、检验、分类、汇总等初步加工，使之系统化和条理化，并以集中、简明的方式反映调查对象总体情况的过程。资料整理是资料研究的重要基础，是提高调查资料质量和使用价值的必要步骤，是保存资料的客观要求。分析资料是把所收集到的某种资料分成较简单的组成部分，找出这些部分的本质属性和彼此之间的关系。分析资料的意义在于细致地寻找能够解决问题的主线，并以此解决问题。利用资料就是把经过整理分析的资料应用于研究课题。例如，前面举例的"新圳河水样分析"的研究中，研究小组把收集到的资料整理成两个表，通过对比、分析，得出了符合实际情况的结论。因此，该课题得到了指导老师的好评。

科学地整理和应用资料的做法如下：剔除假材料；去掉相互重复、过时的资料；以研究任务为目的来评价资料的可使用性，保留那些全面、完整、深刻和正确地阐明研究问题的一切有关资料，以及含有新观点、新材料的资料，但对孤证材料要特别慎重；在资料数量和类型很多的情况下，还应对这些资料进行分类编排，并编制目录索引；对准备利用的资料，必须对其可靠性进行鉴别和评价，对那些不完全可靠的或有待进一步明确的资料，则不予采用；还要对数据资料进行统计处理，经过统计处理的数据会更有说服力；另外，还需要重视资料形成的时间顺序，越是近期的资料，提供的信息越新。

试一试

某几位同学确定了"中学生心中偶像问题的研究"这样一个课题。他们通过对本区内一所重点高中、三所普通高中的抽样调查，了解中学生心中的偶像是哪类人士。他们发出问卷1400份，共收回有效问卷1150份，得到了如右图所示的研究结果，其中：A代表"青春偶像"，B代表"体育明星"，C代表"成功人士"，D代表"政治名人、伟人"，E代表"作家、诗人"，F代表"其他"。

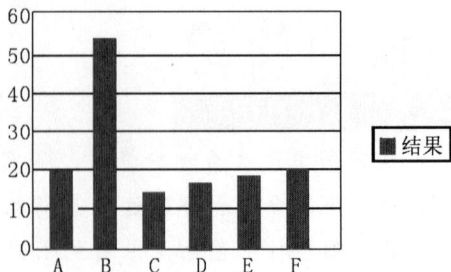

你是否喜欢这个选题？这个选题是否和你的生活相关？根据他们已经拥有的问卷信息，你还可以做些更加细致的研究吗？如果可以还需要收集哪方面的资料？

评价要点

1. 资料的整理是否达到可靠、简明。
2. 资料的分析是否找到解决问题的主线。
3. 可靠资料在研究中是否被充分利用。
4. 资料分析中是否有不同看法的争论。

三、双黄蛋能孵出几只小鸡
——撰写实验报告

实验报告：双黄蛋能孵出几只小鸡

尤丽雯　屠志娟

实验：双黄蛋的孵化效果

1. 实验材料

1.1 实验时间及地点：2001年12月23日至2002年1月20日在上海市少科站进行。

1.2 种蛋来源：100枚双黄蛋和50枚正常蛋均是"海兰白"品种的蛋用鸡种蛋。

1.3 实验用具：智能种子培育机。

2. 实验方法

2.1 实验设计。

分别取 12 月 16、17、18、19、20、21 日 6 天的双黄蛋 100 枚，并取 12 月 21 日的正常蛋 50 枚作为对照组。将在运输过程中破裂的几枚鸡蛋剔除，对于只出现细微裂痕的种蛋，用糨糊涂上一薄层。对实际入孵的总共 147 枚鸡蛋用铅笔标号，然后用 7 克/立方米的高锰酸钾和 14 毫升/立方米的甲醛混合熏蒸 20 分钟做消毒处理。送入种子培育机进行控温控湿孵化。对孵化 21 天三段时期死亡的双黄蛋进行称重和蛋型指数的测定并作分析和讨论。

2.2 种蛋孵化期间的管理。

孵化采用恒温孵化。孵化 1～19 天孵化机温度恒定为 39.3 摄氏度（屏显温度偏高 1～2 摄氏度），湿度设定在 65%（由于机器的问题，湿度一直低于 65%，在 35%～45% 徘徊），进入出雏期后将温度设为 38.8 摄氏度。湿度设定在 75%（实际湿度只达到 50%～55%）。头照在第五天进行，挑出无精蛋和死胚蛋。第十天进行二照，进一步挑出死胚蛋，进行记录。第十七天进行三照。对挑出的无精蛋和死胚蛋进行称重和蛋型指数的测定、记录。19 天之前每天进行翻蛋。第十九天进入出雏期停止翻蛋。

2.3 统计方法。

统计入孵蛋数，无精蛋数，各阶段死胚蛋数，计算出受精率，入孵蛋孵化率，受精蛋孵化率。对双黄蛋和正常蛋的各项指标进行比较。

3. 结果与说明

3.1 孵化结果记录（见下表）：

种蛋品种：海兰白　　　　　　　　　　入孵日期：2001 年 12 月 23 日

	双黄蛋	正常蛋	正常蛋推测组
入孵蛋数	100	47	100
无精蛋数	13	6	12.8
受精蛋数	87	41	87.2
受精率	87%	87.20%	87.2%
头照死胎	25	7	14.9
二照死胎	21	9	19.1

（续上表）

	双黄蛋	正常蛋	正常蛋推测组
三照死胎	21	5	10.6
出雏数	6 只	12	25.5
未出雏蛋数	16	8	17.0
雏禽死亡数	3 只	0	0
受精蛋孵化率		29.30%	29.20%

说明：

①正常蛋推测组是按照正常蛋组的数据$\times\frac{100}{47}$而得。

②关于双黄蛋的出雏数。有两只双黄蛋分别孵出了 2 只小鸡，另有两只各孵出 1 只小鸡，四枚双黄蛋共出雏 6 只。

③关于数据的单位。由于双黄蛋的出雏数有不确定性，而正常蛋每枚只出雏 1 只，所以除了双黄蛋组的"出雏数"和"雏禽死亡数"用"只"作为单位，其他（除了%）都用蛋数"枚"作为单位。

④关于正常蛋推测组。由于自费的缘故，我们只购买了 50 枚正常蛋，除去实验前因运输造成破裂被剔除的，剩下 47 枚。为了便于与双黄蛋组的各项数据做比较，按照入孵 100 枚正常蛋的假设把正常蛋组的数据相应的加以放大而得。

实验结果与分析讨论

从实验的结果来看，双黄蛋的受精率和正常蛋的受精率相近。这与之前根据理论所推测的双黄蛋组的受精率低于正常组的结果有一定出入，造成这种结果可能是受实验客观条件的影响。其一，受实验器材功能限制的影响。由于我们所用的"孵化机"实际上是种子培育机，虽然能够电子控温，也有控湿的功能，但是在孵化的头几天湿度控制就失灵了，基本上都低于孵化所要求的湿度，这在一定程度上影响了孵化的效果。其二，由于双黄蛋和正常蛋都在一个机器内孵化，因此实验器材造成的影响是一样的，最主要的原因，可能是由种蛋摆放位置的不同所引起的。从学校到少科站坐公车要 90 分钟，打的虽然节约了时间，但两个来回就抵了一个月的午饭钱。而在实验期间，有十几天的时间由于少科站的老师外出旅游，实验室是没有人的，虽然我们基本坚持每天中午赶去，但这点挤出来的时间只够记录数据与翻蛋，根本没有多余的时间来变换种蛋摆放的位置，使每个蛋都能受热均匀。为了使双黄蛋能有理想的孵化效果，我们把最佳的位置留给了它们。这样就影响了正常蛋的孵化效果。这就是为什么孵化率通常都能达到百分之七八十的正常蛋，而在我们的实验中连30%都没达到的原因。

但是将双黄蛋组的孵化结果与正常蛋推测组比较一番，还是可以看出明显的差异。这主要表现在孵化前期和后期双黄蛋组的死胚数远远高于正常蛋推测组的死胚数。双黄蛋比正常蛋大，甚至大许多，这是我们凭肉眼就能看出来的。双黄蛋的体积大意味着它蛋内的空间也大，但这并不意味着鸡胚所拥有的生长空间也大了。双黄蛋的确是比正常蛋大了一圈，但毕竟没能达到它的两倍，而这大了一圈的空间却要多容纳一个鸡胚，平均一下，每个鸡胚所拥有的空间和正常蛋比较反而少了许多。这又直接影响营养和氧气的消耗、鸡胎的运动以及日后的破壳。

鸡蛋有小头端和大头端之分，正常蛋中只有一个鸡胚，不存在"住房拥挤"的现象。然而。在双黄蛋内的两个鸡胚是怎样"分房"的呢？

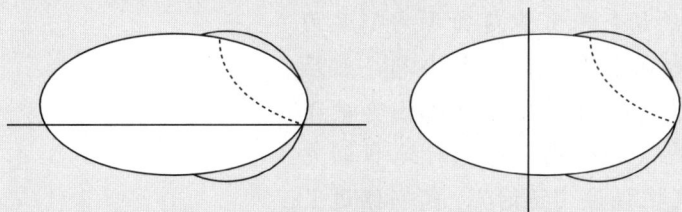

上面的两幅图十分形象与清晰地回答了刚才的问题。左图的分配方式较之右图中各占一端的方式明显更加平均。但在孵化的4枚双黄蛋中，仅有一枚是左图的形式。由于这种分配方式的不同，它们的孵化效果也大相径庭。钝端不仅空间较大，也是鸡蛋的气室所在。虽然鸡蛋表面也分布着许多密集的气孔，但大部分的气体交换还是通过气室进行的，因此占着钝端的鸡胚无疑也占了地利。它的个头明显要比在尖端的鸡胎大一些。孵化后期，鸡胚对氧气的需求量猛增，同时排出的二氧化碳的量也随之增长，这使得处于尖端的鸡胚即使发育成形在孵化的后期也极有可能窒息而死。即使有幸经过助产出了壳，也是奄奄一息，不久便一命呜呼了。而如果是像左图的平均分，那么这样孵出的小鸡，两只个头差不多大，虽然较正常蛋孵出的小鸡仍显得虚弱些，但相对于前一种方式出壳的小鸡还是要好许多。然而即使是这样，它们也没能逃过死亡的命运。

第二十一天是大面积出雏的日子，小鸡的破壳要经历一个漫长的过程。这是对体力和耐力的一种极大考验。其中最关键的一步是要在蛋身上啄出一个缺口，这个过程断断续续，需要几个小时。双黄蛋中的小鸡普遍发育不良，较为虚弱，破壳成了一道高高的门槛。而它们中的大多数只能慢慢耗尽氧气，耗尽能量，无法显露生命的光华。

在鸡蛋要孵化的第二十一天，我们整晚都守候在"孵化机"前，观察着里面一点一滴的细微变化。事先我们就小鸡孵化时可能遇到的一些问题请教了专门的技术人员，被告知，按照鸡蛋的入孵时间推算，从1月13日下午5点左右开始鸡蛋便会开始有动静了，正常的鸡蛋一般可由其自然孵化，对于双黄蛋，如果到了晚上12点还没有动静的话，很可能是由于它们无力破壳，这时就必须小心地在蛋壳上破一个小洞，然后只能靠它们自身的努力了。而对于那些自己已啄破了壳，却无法进一步扩大战果的小鸡，要适时地帮助它们破壳。而正是因为没有把握住"适时"，我们错过了助产的最佳时机，当第二天我们再将它捧在手中的时候，却再也听不见里面小鸡的叫声了。

双黄蛋不仅体积比正常蛋大出许多，蛋壳也较厚。在啄壳的过程中，小鸡需要时不时地变换身体的姿态以改变啄壳的角度，使自己能在更短更快的时间内凿穿蛋壳。然而，双黄蛋中的小鸡，在发育完全之后，几乎两只小鸡的躯体就占据了蛋中所有的空间，不要说是变换身体的姿态，就是动上一动都是一件无比艰难的事情。在出雏的几枚双黄蛋中有一枚的情况给我留下了很深的印象。我们看见有一只淡黄色的喙从乳白色的蛋壳下顶了出来，若隐若现，然后听见了几阵急促而嘶哑的叫声，须臾我开始慢慢地小心谨慎地拨开蛋壳，由于触破壳膜上未退化完全的毛囊血管（在正常蛋中壳膜内的血管退化较完全，整个蛋壳呈淡粉红色，没有液体的血液），血从缝隙中流了出来。当两只小鸡都出壳时，它们中的那只较为弱小的已经死了，然而恰恰是借它的喙在靠近蛋的尖端一端啄出了一个小洞，才使蛋中的另外一只小鸡获得了生命。

总的来说，虽然孵化的效果由于种种原因没有事先预想的好，但足以回答课题中提出的问题。双黄蛋能孵出小鸡，如果"双黄"确是两个受精卵，那么是可以孵出两只小鸡的，但基于上述的种种原因，孵化效果并不理想。如果"双黄"中只有一个卵子受精，那么只能孵出一只小鸡。因此双黄蛋的孵化，无论是孵化效果还是雏鸡质量都远远低于正常蛋的水平。

实验实施中的得与失

1. 实验设计欠周全。原本计划落实的环节由于试验器材的缺失无法进行。例如：入孵前种蛋的质量测定和蛋型指数的测定。这两项指标测定的意义在于：

（1）对种蛋进行质量测定，可以比较双黄蛋和正常蛋在质量上的差别，等到小鸡孵出时再进行测重，可得到在整个孵化过程中鸡蛋自身的消耗情况。

（2）对种蛋进行蛋型指数的测定，根据孵化过程中死胚蛋的情况，可统计出在哪个范围内的数值是利于孵化的。对于前面提到的质量的测定，也有这个作用。

2. 试验过程中技术和器具的问题。

（1）无法定时定量地进行翻蛋。

（2）孵化器的湿度调控无法满足需求（偏低或上下浮动大）。

这些因素都不利于孵化效果。

七嘴八舌

A：好厉害的研究啊！

B：实验报告的形式与理化生课上教的实验报告差不多。

C：实验报告与调查报告是一回事吗？

D：……

学一学

实验报告是在某项科研活动或专题研究中，实验者把实验的目的、方法、步骤、结果等用简洁的语言写成的书面报告。它不仅体现了研究的过程和方法，更体现了研究的科学性和周密性。其着重点应表现为原理的科学性，过程的完整性、周密性，数据的准确性和结论的必然性。

1. 一份完整的实验报告一般包括下列几个方面：

（1）实验名称：如"物体质量、所受力的大小和加速度三者之间的关系"，"大气中二氧化碳浓度的测定"，"双黄蛋能孵出几只小鸡——双黄蛋的孵化效果"等。

（2）项目负责人及课题组成员与分工。

（3）实验目的、意义：实验目的要明确，要抓住重点，可以从理论和实践两个方面考虑。在理论上，验证定理定律，并使实验者获得深刻和系统的理解；在实践上，掌握使用仪器或器材的技能技巧。

（4）实验原理：就是为什么要采取这样的实验方式。如：为了验证胰岛素具有降低血糖的作用，以小鼠活动状况为观察指标设计实验。其实验原理为，胰岛素具有降低血糖的作用。体内胰岛素含量过高时，引起血糖下降，机体出现活动减少，甚至昏迷等低血糖症状，此症状可以通过补充葡萄糖溶液得到缓解。

（5）实验用的仪器和材料：如玻璃器皿、金属用具、溶液、颜料、粉剂、燃料等的品种、规格、数量；生物实验选用样本的来源和品种等。

（6）实验的步骤和方法：这是实验报告的核心内容。这部分要写明实验设计的思路和方法，要经过的步骤，还应该画出实验装置的结构示意图，再配以相应的文字说明。要将实验中测到的数据和计算结果表达出来。

（7）实验结果：根据实验过程中所见到的现象和测得的数据进行收集整理，作出科学的结论。"双黄蛋能孵出几只小鸡"这份实验报告中实验结果的分析讨论就给了我们一个很好的范例。

（8）备注或说明：可写上实验成功或失败的原因，实验后的心得体会、建议等。

也有的实验报告采用事先设计好的表格，使用时只要逐项填写即可。

2. 撰写实验报告的注意事项。

实验报告不仅强调研究的过程性，尤其强调科学性；报告中的数据必须全面准确、必须尊重客观事实，反映实验的本来面貌，不能夸大和杜撰。实验报告的常见错误有：

（1）现象描述不准确。如在化学实验报告中，对实验中产生的沉淀没有准确说明是"晶体沉淀"，还是"无定形沉淀"。这是观察不细致的缘故。

（2）表达不规范。如"用棍子在混合物里转动"是口头语，"搅拌"是专用术语，后者文字简洁明白，又合乎实验的情况。再如外文、符号、公式没有使用统一规定的名词和符号。

（3）篡改实验数据。如篡改没有达到预期的数据，追求实验数据与理论数据的完全一致性。这是缺乏科学精神的体现。

试一试

1. 结合你所做过的物理、化学、生物实验，写一份实验报告。

2. 找出自己写的实验报告，分析：

（1）结构是否合理？有没有需要改进或进一步补充的？

（2）实验步骤是否恰当？有没有错误的地方？

（3）实验结果是否达到了预期目的？如果没有，对结果的讨论是否全面？

（4）实验过程是否严谨？实验数据是否真实？

（5）是否提出了有待进一步研究的问题？

（6）是否有研究之外的发现？

评价要点

1. 实验报告的标题与实验目的是否表述准确、简明。

2. 研究步骤是否清晰、可指引重复操作。

3. 实验结果的表述用词是否恰当、中肯。

4. 同伴合作的挫折与愉悦体验。

四、校园白色污染现状调查
——撰写调查报告

调查报告：校园白色污染现状调查

苏建中　周　力

我们小组在学校（第十二中学）随机挑选50人参加我们的问卷调查，共收回45份问卷，占90％，结果如下：

问题一：你知道什么是白色污染吗？

调查者中，有2/3表示知道白色污染，而有1/3表示不清楚。结果表明，大部分中学生知道什么是白色污染，这与学校教育有很大关系（高二化学教材对于白色污染有过讲解）；但仍有一部分（1/3）的人不清楚，这表明，学校还应在这方面加强对学生的教育。

问题二：你经常购买小食品吗？

71.1％的人偶尔购买小食品，22.2％的人经常购买，只有6.7％的人不买小食品。这是因为，学生族很少有时间在家吃早饭，所以来学校购买食品充饥的人很多，而食品包装袋绝大部分都是塑料制品，这就为校园白色污染的产生提供了前提条件。

问题三：你如何处理塑料袋？

近80％的同学将塑料袋扔进垃圾箱，只有7人（占15.6％）将塑料袋随地乱扔，但这并不表示大部分塑料袋能进入垃圾箱中。据我们小组成员观察发现，很多人虽然知道应当把塑料袋扔进垃圾箱内，但很多时候都会扔到垃圾箱旁，风一吹，塑料袋就满校园乱飞了。另外值得提出的是，在两位选择"其他"的同学中，一人表示会把塑料袋扔进视线所见的垃圾箱内，他认为，校园内垃圾箱的数量并不多。

学校白色污染现状调查

通过上一阶段的调查，我们已经清楚了学生对白色污染的了解情况，与同学们初步探讨了如何防治校园白色污染。这一阶段的主要目的是调查第十二中学白色污染的情况，并对处理方法进行可行性探讨。

首先，我们进行的工作是称量一个班一天产生的垃圾，按种类分拣出垃圾，计算白色污染（如塑料袋、塑料瓶等）所占的比重，以此来估算第十二中学一天产生的白色污染物的数量。以高二某班为例，这个班一天所产生的垃圾重2kg左右，主要有纸、塑料包装袋、塑料瓶、易拉罐、发泡饭盒及果核等。其中有近100个塑料包装袋（几乎全用于食品包装）、5个塑料瓶、7个发泡饭盒、2个易拉罐（铝制）。不难看出，食品包装袋是校园白色污染的主要组成部分。我们还发现，纸张和易拉罐都是可以回收利用的，而且社会上也有很多回收废纸、易拉罐的地方。于是我们把重点放在了塑料的回收再利用上。

在第十二中学垃圾站，我们遇见一位拣垃圾的人，他回收的是塑料瓶。我们小组成员上前询问他回收的目的、价钱，但他没有回答。为了了解有关塑料的回收情况，我们小组特意利用课外时间对我市各正规废品回收站进行了调查，可惜没有发现回收塑料的地方。通过上网查询资料我们得知：塑料是可以回收的，但不可以再利用来制造食品包装袋（因为造价高，而且不能保证卫生与安全），只可用作建筑材料或农用大棚等。值得注意的是，一些违规生产的个体小企业私自回收塑料废物，用一些有毒的有机溶剂清洗后再利用，这对人体是有害的。因此，学校在进行垃圾分类回收时，一定要将回收的塑料制品送到正规的回收单位。

结论

通过调查，我们发现校园内是存在白色污染的，以第十二中学为例，每天学校要产生 4000 个左右的食品包装袋！而且，学生对白色污染采取不以为然的态度，缺乏紧迫感，这是十分危险的。我们中学生不应该对白色污染这一社会问题不闻不问，一定要拿出主人翁的精神，积极地去宣传白色污染的危害，宣传环保意识，从而使全社会的人都有环保观念——这正是我们的目标所在。

我们的建议：

（1）根据我们的调查以及所查的资料，我们建议学校实行垃圾分类回收制度，其具体操作方法如下：①每一个班在班内建立一个小型垃圾点，将垃圾按纸类、塑料、金属（如易拉罐等）、电池、其他共五类分类收集。由于纸类、塑料数量较多，可以一天清理一次，另外考虑到电池对环境的危害，建议同学们也统一回收废旧电池。②学校设立几个大型垃圾箱，统一回收各班分类垃圾箱中的垃圾，并在校园内多设置一些小型分类垃圾箱。学校负责与社会回收单位联系，及时送出回收的垃圾。③学校应当设立一个评分制度，对垃圾回收工作开展得好的班级进行奖励。回收的收入也可奖励给各班使用。

（2）应当看到，要想真正从根本上杜绝校园白色污染，就必须在学生心中树立环保的观念，因此建议学校多多加强环保教育，如征集环保标志、举行环保歌咏比赛等活动，使环保意识深入人心。

（3）加强对学生进行环保教育，目的还在于向全社会宣传环保知识，因此建议学校面向社会多开展公益活动，如在每年4月22日"地球日"、6月5日"世界环境日"时，组织学生上街宣传环境保护的重要性，只有全社会都重视环保，才会从根本上防治白色污染。

七嘴八舌

A：结论很有启发。

B：调查报告和论文好像不一样哦！

C：……

D：撰写报告工作量太大，一人写一段行吗？

E：最后肯定还是要一个人统稿的！

F：……

学一学

调查报告就是根据调查研究的成果写出来的正确反映客观事物及其规律的书面报告，它通常反映重大事件、新生事物、突出的典型、重要的经验和严重的问题等。

调查报告具有对象性。总是以某一问题或现象为对象，针对具体实践或实际问题而写。社会科学领域的调查报告是通过对客观事物真实情况的描述来表达作者的立场、观点和思想倾向，作者反对什么、赞成什么在调查报告中泾渭分明，而不是模棱两可。例如，"校园白色污染现状调查"这份报告就是针对校园白色污染的现状着手撰写的，作者在调查情况的基础上，提出了他们对环保问题的看法和立场。

调查报告具有真实性。任何社会调查的目的都是为了了解客观实际，发现问题，解决问题，掌握规律。调查报告的生命在于用事实说话，材料的真实和准确是首要的。调查报告采用的材料应是经过科学处理和认真核实鉴别的，而不是道听途说的；是具体的，而不是抽象的；是既有点的又有面的。

调查报告具有典型性。调查的问题要能真实地反映事物的本质与规律。

调查报告的撰写步骤：

1. 主题的确立。

主题是调查报告的灵魂，是作者所要表达的基本思想。

主题要宣扬正确的价值观。调查报告所表达的基本意思应该十分明确、毫不含糊，鲜明地表达出作者的是非和爱憎，倡导正确的价值观。

主题要新颖。要把握时代的脉搏，从反映现实的重大问题入手，揭示出别人尚未研究或研究不深的问题，或从不同角度去研究同一对象。

主题要"窄、深"。要选择较小的角度把问题说深说透，不能贪大求全，蜻蜓点水。

2. 主题的形成和提炼。

调查报告的主题是作者在长期的生活实践中逐步孕育而成的，是通过深入调查研究，从所获得的材料中分析归纳而产生的。作者往往是被某些材料深深触动，得到启发，发现了它的"社会意义"和一般规律，悟出了事物的本质，从而形成了鲜明的主题。

3. 材料的取舍。

首先，材料是为主题服务的，那些与主题无关的、次要的、非本质的、琐碎的材料要去掉，而选用能够真正反映事物本质和主流的材料。选材要注意材料的多样性，既要选择现实的材料又要选择历史的材料；既要选择正面的又要选择反面的；既要有文字的又要有数字的。其次，要对材料进行分析和比较研究，去伪存真，去粗存精。再次，要找出事物的内部联系和外部联系，体现事物之间横向和纵向的、直接和间接的联系，体现事物发生的前因后果，来龙去脉。

4. 提纲的拟订。

结构是文章的骨架，是文章内部的组织构造，拟订提纲就是安排严谨妥当的结构。写作提纲有两种：条目提纲是从层次上列出调查报告的章节；观点提纲是在此基础上列出各章节所要叙述的观点。

例如，邱泽颖等同学为了完成"我校中学生日常开支情况调查报告"，在经过充分讨论和多次征询老师意见后，写出了一份提纲：

（1）课题的提出

（2）研究此课题的目的

（3）调查方式

（4）调查结果

　　①零花钱的来源及数量

　　②如何开销零花钱

　　③学生对开销的看法

（5）结果分析

（6）建议

（7）收获体会

5. 报告的撰写。

首先，布局要恰当，结构要完整。调查报告没有固定的格式，但必须根据调查所得的材料，围绕主题，合理地安排结构。一般由三部分组成：一是开头，或称引言，叙述调查的意义和目的、调查对象和范围、调查采取的方法及其过程等，文字尽可能少，简明扼要。二是主体，分章节陈述调查材料并有叙有议，是调查报告的正文。三是结尾，是结论和建议，也是调查报告的总结，可长可短，根据实际情况而定。例如，"校园白色污染现状调查"的调查报告结尾就提出了三项建议，总结了作者对防止、减少环境污染的看法和措施，使得这篇调查报告更具有现实意义。

例如，吴怡群同学在做完有关"垃圾的分类与回收"的调查后，在他的调查报告的结尾就提出了自己的建议：

科技的发展，带给我们许多方便，可是，多数人却不知"惜物惜福"。冷静地想一想，从早上醒来到晚上睡觉，我们一天制造了多少垃圾？家中的衣橱里，有几件衣服是真正穿得到的？家里添加的新物品，有多少是必需的。垃圾在不断增加，但是垃圾掩埋场的容积有限，于是，河床、山坡地、海岸线，到处充斥着触目惊心的垃圾。

解决垃圾问题的第一步是"垃圾减量"，要想让垃圾减量其实是举手之劳的事情，以下是几个要诀：

1. 减量。

（1）减少不必要的包装：①选择较少包装的产品；②购物时尽量考虑购买无包装的产品；③多考虑购买浓缩产品。

（2）减少废弃物的毒性：①用无害性或低危害性之物质；②必须使用有害物品时只取需要的用量；③使用有害性物品时请详细阅读使用说明，并遵照指示使用。

2. 重复使用。

（1）使用可重复使用的产品：①用可重复使用的瓷杯或玻璃杯等取代用后即弃的纸杯或塑胶杯；②用可重复使用的餐具；③尽量使用钢笔代替圆珠笔；④尽量使用可再填充的瓶罐；⑤使用充电式电池或低汞电池……

（2）尽量修复可维修的产品：①购买有良好品质保证及可长期使用的家电用品及装置；②遵照产品使用说明使该产品维持良好状态。

（3）出售或捐出自己不再使用的物品。

其次，报告常用的结构有：第一，纵式结构。主要是依照事物发生发展的顺序，依次叙述，阐明观点。第二，横式结构。根据基本经验或突出几个主要问题，分层阐述。第三，纵横交错结构。按内容之间的逻辑关系，分层次说明，篇幅长的可以用小标题，以理清眉目，突出重点。

再次，用观点统帅材料，善于把观点与材料结合起来。用典型事例说明观点是最常用的方法；用概述材料表达观点能给人一个总印象，简明扼要；用对比材料阐明观点，能把问题说得具体深刻；用数据说明观点能增强调查报告的科学性和说服力。

最后，生动活泼，通俗易懂。提倡通俗易懂的文风。摆事实讲道理，切忌滥用深奥的专业名词。

试一试

找出一份自己（或他人）撰写的调查报告，试着从下述几个方面对该报告作出思考：

(1) 调查的对象是否合适？

(2) 调查资料是否真实、典型？材料的取舍是否合适？

(3) 观点和材料的结合是否密切？

(4) 调查报告的结论是否恰当？

(5) 调查过程中是否有运用新的学科知识？

(6) 调查报告是否具有条理性和科学性？

评价要点

1. 调查报告主题是否精炼、准确。

2. 调查对象、范围和操作方法过程的陈述是否清晰、简明。

3. 调查结论的陈述是否中肯、平和。

4. 报告是否经过六周后的再度修改。

五、浅谈数形结合
——撰写小论文

浅谈数形结合

刘振辉 雷锦浩

教师为什么要常常使用教具和画图来帮助学生理解？那是因为直观的东西更易于被我们理解和接受，另一方面，抽象的数学关系往往显现在图形中，而图形往往直接揭示数学问题的本质。这种数中有形，形中含数，数形互相映照的观点，被称为数形结合的思想。数与形是数学研究的主要对象，也是中学数学中被研究得最多的对象，它们既是对立的又是统一的，每个几何图形之中都蕴涵着反映该图形性质的数量关系，数量关系又常常可以通过几何图形来反映和描述。所以数形结合的思想可以简单地分为两类：由数向形转化和由形向数转化。数形结合的思想，往往会引导我们发现新的简便的解题思路。有许多关系复杂、规律隐秘的数学问题，若能画出恰当的图形，问题就会立即变得直观明白。

这使我们回想起欧拉在解决哥尼斯堡七桥问题时，是将问题抽象化后（化为一个"一笔画"模型，即化为一个图），才使问题得到解决的。平时我们画出几何图形进行几何论证以及画出函数图象帮助思考函数问题，都属于数形结合。其中，图解法往往以图击中要害，不需要过多叙述，就使问题获得解决。如证明 $a+b \geqslant 2\sqrt{ab}$，若用完全平方公式来做的话是很直接明了的，但是为什么不试一下从别的角度来思考呢？没错，如果把这个式子放在一个圆里，即用一个直观的图象把式子的数量关系表达出来，同样可以轻而易举地解决问题。

如此好的思考方法怎么才能用好呢？

首先，由形向数转化的问题应该利用几何图形与数量的对应关系，完成由形向数的转化。几何图形本身就是数量关系的具体反映，图形中涉及的线段、角、面积和体积等几何量均与一定的数量相对应，而这些数量又可以由某些几何定理或公式联系起来，从而完成由形向数的转化。比较熟悉的例子就是初中阶段研究的平面几何问题，它们就是由形向数转化的问题，根据个人经验，解决这类题目的关键就是审题，不仅是文字叙述部分，还包括图形，一些隐藏的条件往往要通过仔细"审读"才能发现。

其次，由形向数的转化，目前常用的方法是图解法，以现在掌握的知识情况来看，我们大概只能利用函数，利用图象可以直观地描述函数的性质，通过函数与其图象的对应关系，完成由数向形的转化，即画出函数的图象，进而借助图象来研究函数。由数向形转化的思想是一个人数学思维能力和创新能力的体现。一个非常抽象的问题，如果能把它转化成形象直观的图形，说明这个人的想象力非常丰富，具有非常高的创新能力。所以我们平时必须多动脑筋，锻炼思维，开阔思路。

由此可以看出，思维是智慧的源泉，是创造的火花。学数学并不是单纯地为了学数学，更重要的是为了锻炼我们的思维，铸就灵活的思维能够帮助我们机动地处理各种问题。记得以前一位数学老师曾经说过："学数学的人很少有想不开的。"的确，他们不会死钻牛角尖，这条路行不通就走其他的路。在未来漫长的学习中，我们要注重锻炼自己的思维，这才是学习的真正目的。

七嘴八舌

A：这篇小论文结构安排得当吗？

B：怎么没有实例呢？

C：小论文与语文课上写的议论文不一样啊？

D：……

学一学

小论文是在进行科学的观察、思考、实验或考察后一种成果的书面总结。它的表现形式是多种多样的：可以是对某一事物进行细致观察和深入思考后得出的结论，可以是动手实验后分析得出的结论，也可以是对某地进行考察后的总结，还可以是靠逻辑推理得出的结论。

关于论文的格式，《中华人民共和国国家标准·科学技术报告、学位论文和学术论文的编写格式》有详细的规定，但这主要是对学术论文的要求。对中学生而言，更多的可能是小论文。无论是创造性方面，还是严密性方面，小论文的要求都比学术论文的要求低。

1. 标题。

标题是小论文的"眼睛"，好的标题确切简明，富有吸引力，能给读者以新鲜的感受和深刻的印象，起画龙点睛的作用。标题位于首页居中位置，起着标志和传达内容的作用。

一般来说，标题具有以下特点：

（1）标题要揭示文章主旨。我们不能为标题而标题，标题引领着文章的中心，可直接揭示论点，也可指出论述的范围，例如"浅谈数形结合"、"我校中学生日常开支情况调查报告"。

（2）标题要准确简洁。标题可用判断句、陈述句，也可用疑问句。如：

判断句：青少年成才的第四大要素——网络

陈述句：网络的诱惑

疑问句：网络能为中学生带来什么？

标题既可以用单一标题，也可以用正题、副题，副题一般是对正题的说明、阐述或补充。如：

让宽带网洒满校园
——深圳罗湖区教育信息化建设

（3）标题要新颖。一个新颖的标题，不仅能更有效地吸引读者的眼睛，也能带给读者更大的震撼。如：美国中学化学教材《社会中的化学》中有一例探究性内容的课题标题为"你决定：修复自由女神"，非常容易引起学生的关注和兴趣。其一，标题中的"你决定"能够充分调动学生进行研究的主动性和积极性。其二，自由女神的意义众所周知，而建造自由女神神像的金属因受到腐蚀而使神像发生损坏，提出"修复"，自然引起读者很大的震撼。

2. 署名。

将自己的名字和小组其他成员的名字写在标题的下面居中或偏右的位置。你所在的学校应标在姓名之前。有时也可以在文章的末尾署名。

3. 绪论。

亦称引言，它是小论文的开头部分。其内容主要是提出问题、明确中心论点，或阐明研究的原因、目的、方法，或介绍研究的背景、范围及意义。其作用是使他人对论述的内容先有个概括的了解，以期引起他们的关注。写绪论的基本要求是能引起或统领全文，文字简明扼要，方式与内容相适宜，能引人注意。

4. 本论。

又称正文，是展开论题，对论点进行分析论证，以表达我们的见解和研究成果的核心部分。一篇报告只有想法、主张是不行的，必须要经过科学严密的论证，才能确认观点的合理性和真实性。

本论部分的内容由观点和材料构成，我们在写本论时要将观点和材料有机地结合起来，以观点统帅材料，以材料证明观点。同时，我们还要注意以下两点：

（1）论据充足，论证充分。本论部分最主要的任务是组织论证，以理服人。论证就是要用论据来证明论点的正确性或证明敌对论点错误性的过程。自然科学类论文注重以事实材料和数据资料说明研究结果的准确性和可靠性；而社会科学类论文着重于通过观点与材料相结合，由表及里、由此及彼的推理论证，显示研究结论的正确性。但不任何种形式的论文，其论证过程要善于理论的运用及逻辑推理；论据不仅要内容丰富翔实、全面，还要形式多样，如文字的、图表的、影像的等。

（2）结构严谨，条理清晰。本论的篇幅长，容量大，层次较多，头绪纷繁，需要我们按一定的次序来安排文章内容。一般来说，根据层次之间的不同关系，可以把本论部分的结构形式划分为并列式、递进式和混合式等三种类型。

并列式结构的特点是围绕中心论点划分为几个分论点和层次，各个分论点和层次平行排列，分别从不同角度、不同侧面论证中心论点，使文章呈现出一种多管齐下、齐头并进的格局。

递进式结构对需要论证的问题，采取一层深于一层的形式安排结构，使层次之间呈现一种层层展开、步步深入的逻辑关系，从而使中心论点得到深刻透彻的论证。

有些论文的层次关系特别复杂，不能只用一种单一的结构形式，需要把并列式和递进式结合起来，形成一种混合的结构形式。为了避免由于内容过多而使条理不清，写作本论时，常在各个层次之前加小标题、序号等标志。

5. 结论。

这是研究报告的结尾部分，即解决问题的部分，可以是总论点的归纳，对本论中分析、论证的问题加以综合概括或总结提高，引出基本论点，从而使课题得以解决，问题得到答案，观点得到突出；也可以说明还有待研究的问题，引人深思，激发人去进一步探索。结论应与本论紧密衔接，不可游离；应与引论相呼应，使文章首尾呼应，贯通一气。

小论文的初稿完成后，还要反复修改。看是否简明扼要，论据是否典型真实，论证是否符合逻辑，论点是否新颖一致，段落是否衔接自然，语言是否通顺准确等。改好后再让同学和老师帮助修改，逐步完善。

试一试

1. 某同学想对大众传媒的影响进行研究，打算把论文的标题定为"大众传媒的影响"。

（1）你认为这个题目好吗？说出理由。

（2）你平时在给你的文章取名时考虑了哪些问题？

2. 曾经有位同学在研究了秦始皇后将论文题目初定为"秦始皇与秦国的发展"，后觉得不新颖，又将题目改为"始皇嬴政的为皇之道"。说说两个题目有何不同。

3. 选择一份自己的研究性学习论文，对照下列要求分析：

（1）你的论文题目是否足够吸引人？如果不够吸引人，就与同学商量一下进行修改。

（2）内容提要和关键词有什么作用？你的文章中有吗？

（3）文章"三论"是否合适？

（4）你有注释吗？有没有侵犯别人的著作权？是否充分尊重了别人的智力成果？

评价要点

1. 论文标题是否表达研究主旨。
2. 论据是否充实，论证是否严谨。
3. 陈述语言是否清晰、平和。
4. 是否经过反复修改。

六、水"火箭"的制作

——撰写项目设计报告

项目报告：水"火箭"的制作

唐然平

确定方案

1. 向"高手"请教。
2. 在图书馆和互联网上查阅相关资料。

准备材料

大可口可乐瓶若干、自行车气门芯若干、尖嘴钳、扳手、小刀（美工刀）、扁平改锥、30cm 钢尺、钢锯片、电工胶布、管束（利用管束对齐切割线，切瓶一次完成）、10cm 长剪刀、玻璃胶、电钻、电动充气机（或打气筒）等。

动手制作

分成两个制作小组，每小组制作两个水火箭（一个一级，一个二级）。

1. 每个制作小组准备 3~4 个大可口可乐汽水瓶，将其冲洗干净，在瓶盖上用电钻钻一个直径为 8cm 的小孔。

2. 在切割可乐瓶时，用尺将切割线固定，要循序渐进，一刀一刀地划，再加一点力切下，可以避免切坏或切不直而造成毛边，也可防止用刀不慎的伤害。

3. 将废弃自行车车胎的气门芯用剪刀剪下，用螺母将其固定在瓶盖上，为防止漏气可用橡皮垫垫好，并在橡皮垫与瓶盖间涂上适量玻璃胶。

4. 尾翼的制作：将硬纸片层叠，按统一规格裁剪。然后将其粘在背胶泡沫板上，尾翼与背胶泡沫板务必保持90度直角，粘贴在瓶身上才会平直（见图1）。泡膜板的边缘直线对准瓶子的合模线（左右各有一条），另两片尾翼在圆弧的1/2处，对准瓶身直线贴下（粘贴处要清洁，最好事先画好4条在1/4圆周处的尾翼线，见图2）。

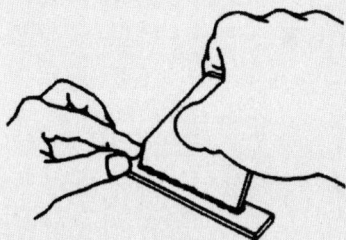
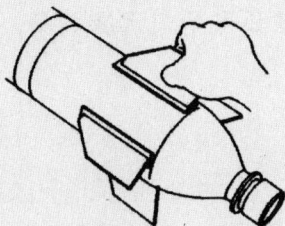

图1　　　　　　　　图2

5. 每个水火箭用一直径约5cm、厚约1cm的硬塑胶片作为发射时气门芯自动脱落机关。在其中心用电钻钻一孔，将气门芯螺帽固定，在其边缘中间，用小钢锯锯出一凹槽，将细棉线在凹槽处逆时针绕6～7圈。

6. 发射架的制作：取一边长约15cm、厚约3cm的正方形木块作为发射架的底座，四周用四根直径为2cm的pvc管直立固定（使水火箭能直立），中心钻一小孔（水火箭直立时，气门芯嘴尖插入该孔）。

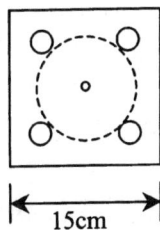

15cm

火箭发射

1. 往火箭内注入瓶总容量1/4～1/5的水，螺帽顶住气门芯，往瓶内打气，注意观察瓶内气压的变化，一般气压在8～10个大气压之间。

2. 将打好气的水火箭拿往发射场的过程中，应注意安全，不能将气嘴对准别人。

3. 将水火箭小心放置在发射架上，拽动绳子，使套在气门芯上的螺帽逆时针转动，当螺帽脱离气门芯后，火箭内的水随高压气体从气嘴向下喷出，箭体在反冲作用下向上运动，水火箭将自动发射。

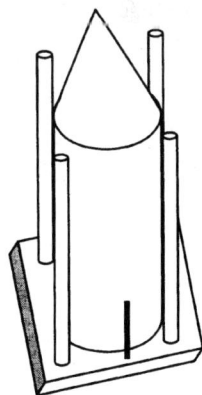

七嘴八舌

A：一定要图示吗？太复杂画不出怎么办？

B：可以拍照呀！

C：做这样一个火箭不难，可清清楚楚地写出这个报告来，不容易。赞！

D：上学期，我设计的班服让同学们大露笑颜。穿在大家身上不就是报告吗？！

E：……

学一学

项目（活动）设计以解决一个比较复杂的操作问题为主要目的，一般包括科技类项目的设计和社会性活动的设计两种类型。前者如"水'火箭'的制作"，后者如下一节将要介绍的"90后公益联盟在行动"等。

对于科技类项目设计来说，我们一般都会先在头脑中勾画出一个最终结果——作品或制品（如设备、模型、网站、动漫、电视节目等等），这个作品或制品的形成，需要一些专门知识技能，通常会包含一个或多个必须要解决的问题。该类学习活动有一定模式：首先，我们要明确创作的目的，确定研究题目或要设计的作品，制订一个项目设计的计划；然后，进行项目制作研究，解决制作设计过程中遇到的问题，并最终完成作品或制品；最后，我们可以运用或展示自己的作品或制品，并对我们的作品或制品的设计制作进行反思和评价。

目前，在各学校开展的"科技节"是科技类项目设计的重要展示平台。科技类项目设计报告是综合、科学反映项目设计内容的书面表述形式。报告要向读者介绍产品设计的创意及科学性、合理性和可行性。成果介绍尽可能要直观。例如，项目报告"水'火箭'的制作"就以水"火箭"的发射作为最后的项目成果来展示。

科技类项目设计报告常包括下述几个方面：

（1）项目名称。（2）项目组成员。（3）项目由来。（4）项目设计目的、意义。（5）研制的原理。（6）人员分工。（7）研究项目设计的方法、步骤及所用时间。（8）研究所需条件。（9）研制的过程。（10）研制的结果。（11）产品介绍。（12）参考文献。

科技类项目设计一般创造性比较强，读者在理解设计原理上难免有一定的困难，所以作者在介绍原理和产品时要深入浅出、浅显易懂，切忌故弄玄虚。产品介绍要直观，最好能结合实物或图示。产品特性介绍要实事求是，不能夸大其词。

试一试

找出一份自己（或他人）撰写的项目（活动）设计报告，看看该设计是否新颖、有价值，是否与现有的知识能力相适应，并根据所学知识试着修改完善。

评价要点

1. 项目设计目的阐述明确。
2. 制作过程陈述清晰、可重复。
3. 项目设计难点的突破过程陈述充分。
4. 项目设计过程中的艰难与愉悦适度表达。

七、90后公益联盟在行动
——撰写活动实施报告

90后公益联盟在行动
——前洼小学爱心图书室建设报告

程谟易

"同在一片蓝天下，我们过的是一种日子，而他们过的却是另一种日子。"

前洼小学隶属河南国家级贫困县社旗县陌陂乡。一栋低矮破旧的瓦房，屋顶缺瓦漏洞处用一根根玉米秆遮着。有些班级的椅子是学生从家里搬来的，讲台也破旧不堪。学校没有体育器材，没有图书室，整个学校有学生约200人，但老师（包括校长在内）却只有7人。学校里的一些学生是孤儿，靠当地民营企业老板资助生活、学习。

听到"五一"去过那里的单颖同学说起这些，我心里一整天都不是滋味……脑子里一直徘徊着"我们能做些什么？"……

于是，一个想法萌生了，单颖和我一拍即合：为他们建一个爱心书室！

我们在学校组织了一个由6名核心成员组成的志愿者团队，并把团队命名为"萤火虫团队"，大家决定一起努力为前洼小学筹建爱心图书室。在网上我们创建了"90后公益联盟"工作平台。2009年6月正式启动"前洼小学爱心图书室"筹建工作，并吸引了深圳市其他学校，以及一些外地志愿者。

在生活小区组织募捐活动

暑假里，炎热夏日，我们萤火虫团队的部分成员首先在深圳市宝安区御景台小区组织了"河南国家级贫困县前洼小学爱心图书室"的图书募捐活动。2009年7月19日上午9点，募捐活动在小区内的广场上正式开始，许多居民纷纷响应。下午的时候，天似乎故意考验我们的意志，突然下起了大雨，活动无法在室外继续进行，于是我们便在小区里逐门逐户上门宣传。

"阿姨，家里有不要的书籍，可以整理出来捐给贫困县的孩子……"每到一户邻居家的门口敲开门，我们都重复着这句话。走完了小区6栋30层的大楼，共754户。一天下来，我们共筹集到500多本书，义卖书籍筹得152元钱，另有热心住户捐赠400元。

刚开始，募书活动并不顺利，我们还遭到一些白眼。初次接触社会的我们遇到了挫折，但并没有气馁。"萤火虫"的队员们先后两次走进御景台小区进行募书活动。

与此同时，团队的第二小组在另一个社区也进行了募捐活动，成功募集到400多本图书。

与新华书店联系募集

这次活动对我们的沟通技巧也是个很好的锻炼。经过多方联系，我们与宝安新华书店的有关负责人取得联系，得到了宝安新华书店的大力支持，书店领导决定捐赠一批图书；萤火虫团队还以爱心和诚心打动了深圳购书中心的领导，深圳购书中心出面号召"新浪乐居"网友捐赠图书，成功募集到各类图书近400本；深圳某企业在河南省社旗县的分部获悉了此次募书活动后，主动联系捐赠了1000本书。我们还充分利用自己的社会资源，向亲戚朋友募集。通过一个暑期的努力，萤火虫团队的爱心行动圆满成功了，共募集到3200余本图书，包括漫画、童话、世界名著、科普书籍等。

爱心图书室建成开馆

2009年9月3日，载着"90后公益联盟"众多会员爱心的3000多本图书运抵前洼小学。学校里的孩子们像过年一样穿上了新衣服，欢笑着簇拥到一个个书箱前，跑着跳着，搬运来自深圳宝安中学萤火虫团队的图书。

前洼小学张金甫校长在图书室的门外挂上"萤火虫图书室"匾牌之后，孩子们便开心地读起书来。看着孩子们如饥似渴的读书景象，我们激动得热泪盈眶，心中充满着自豪。

"作为即将成年的我们，作为社会的一分子，我们要有一种社会责任感。每个人都可以贡献出自己的一份力量，献上自己的一片心意。"这是我们"90后公益联盟"网站的宣示。我们希望有更多的人参与到公益活动中来，希望贫困地区的孩子们能得到更好的教育，希望所有善良人播撒的爱心种子能在受助的孩子们心中生根发芽，永远传承下去。

七嘴八舌

A：活动现场我们的表现不如街舞社抢眼，但写活动报告文学社肯定第一名！

B：社团成果展示不一定要上舞台吧？我们羽毛球社的阵地在运动场。

C：社团活动成果展示真是丰富多彩！

D：活动后的总结反思很重要哦！

E：……

学一学

作为项目（活动）设计类的另一种形式的社会性活动，也是研究性学习活动的重要组成部分，因这类活动形式多样、学生参与性强、符合中学生年龄特征等，深受学生喜爱。上例中"90后公益联盟在行动"就是这类活动的真实展现。

中学生社团是开展研究性学习社会性活动的一个重要平台，它由中学生依据兴趣爱好自愿组成并按照章程自主开展活动的学生组织，是学校实施素质教育和研究性学习的重要途径和有效方式，在提升中学生综合素质、培养学生活动能力等方面发挥着重要作用。

活动报告主要是对某次活动的开展目的、意义、活动开展过程、开展结果、开展效果的总结，是为了记录一次活动从开始策划到最终完成的整个过程，同时总结出这次活动举办的优点和缺点，为以后开展同类活动积累经验。

活动报告一般包括以下内容：

1. 活动概况。

每次活动都有一定的主题，一般用标题标明活动的主题，说明本次活动的时间、地点、主要参加人员，经费来源等等。

2. 活动的目的及意义。

说明举行某次活动的目的和意义。

3. 活动实施的具体步骤。

比较复杂的活动，一般可分成几个阶段，分步实施，在报告中要有具体的时间、步骤。

4. 对本次活动的小结与反思。

通过本次社会活动，我们取得了哪些成果、收获了哪些成功的经验，活动过程中还存在哪些问题与不足，需要以后不断的改进。

试一试

五彩缤纷的社团展示活动结束了，作为这一活动的策划者和组织者，你能就这一活动写一份活动实施报告吗？在撰写活动实施报告中注意评价整个活动过程是否按计划进行，活动安排是否合理，活动中是否能根据实际情况调整活动计划并且善于寻求帮助。

评价要点

1. 项目活动目的陈述是否清晰。
2. 项目活动过程的叙述是否真实、生动。
3. 活动记录资料的形式是否新颖、完整。
4. 考虑同伴合作及社会资源整合情况。

本章小结

资料收集和整理是了解相关课题研究现状的基本手段，对进一步明确课题的研究内容与方法起着主要作用。我们不但要通过各种途径广泛地收集资料，而且要对收集来的资料加以整理、分析和利用。

　　研究性学习的成果有许多形式。以研究报告形式呈现的成果较为常见，像调查报告、实验报告、小论文、项目设计报告、活动实施报告等。多媒体设计作品、产品设计作品、美术设计作品、艺术设计作品、实物（或模型）制作等具有探索研究意义的研究性学习成果，有着更为多彩的呈现方式。

成果类型	基本形式和内容
小论文	1. 标题；2. 署名；3. 正文；4. 结论；5. 值得进一步思考的问题。
调查报告	1. 主题的确立；2. 材料的整理；3. 提纲的拟定；4. 报告的形成。
实验报告	1. 实验名称；2. 成员分工；3. 目的和意义；4. 原理；5. 仪器和材料；6. 步骤和方法；7. 实验结果；8. 备注或说明。
项目设计报告	1. 项目名称；2. 项目由来和成员分工；3. 目的和意义；4. 原理；5. 所需条件；6. 步骤和方法；7. 研制过程；8. 研制结果；9. 产品介绍；10. 参考文献。
活动实施报告	1. 活动概况；2. 活动的目的及意义；3. 活动实施的具体步骤；4. 活动效果；5. 对本次活动的小结与反思。
其他	多媒体设计作品、美术设计作品、实物（或模型）制作等。

能力挑战

　　1. 请对你所在学校高一年级全体学生的课外阅读情况进行调查，并以"关于高一学生课外阅读的专题报告"为题，写一个调查报告。

　　2. 阅读下列几则材料，自拟论题，写一篇700字左右的历史小论文。

　　请注意：（1）应当充分理解试题中的材料。

　　　　　　（2）尽可能将你的论述放到当时的历史背景中去理解或评论。

　　　　　　（3）紧扣你的论题论述，史实详略以说明观点为度。

材料一：

　　……凡未经国会同意……以国王权威擅自废除法律或法律实施……之权力为非法权力……凡未经国会许可……借口国王特权，而为国王征收或……使用的金钱……皆为非法。

　　……除经国会同意外，平时国内征募或维持常备军，皆属违法。

摘自英国《权利法案》

材料二：

　　军机处……直接听命于皇帝，军国大计，罔不总揽……咸命所寄，不在内阁而在军机处……

摘自戴逸《简明清史》

材料三：

　　17世纪前期以后和18世纪的欧洲，近代自然科学……面貌一新，科学社团出现，物理、化学体系建立……但同时期的中国，与西欧完全不同……乾嘉考证学成为清朝一枝独秀。

摘自高一年级《历史教材》

材料四：

　　18—19世纪英国工业产量变化统计（略）

材料五：

　　农为天下之本务，而工贾皆其末也。

摘自《清世宗实录》

　　乾隆给英皇敕谕……天朝物产丰盈，无所不有，原不假外夷货物以通有无……

摘自翦伯赞《中国史纲要》

材料六：

　　……在这些世纪里，一个生气勃勃的新欧洲正在崛起……文艺复兴、工业革命、法国大革命以及把自己的统治迅速扩大到全球的强大的民族国家的崛起，都发生在这些世纪里……安逸自在，心满意足的中国人目不转睛地注视着过去……

摘自斯塔夫里阿诺斯《全球通史》

　　3. 在你收集整理资料、撰写研究报告过程中，是否利用了"什么资料──什么对象──什么方法"这种思路？具体说说你的做法。

多元性、开放性地进行研究性学习成果展示、交流和评价，是研究性学习不可或缺的组成部分，也是同学们肯定自我、学会欣赏、发展多元智能的过程。

下图是"曲中母子情"研究小组的成果展示备忘录。你感觉在展示活动现场，她们的表现会如何？还应该注意些什么？相信本章的学习实践，会长久留在同学们的记忆之中。

1934—2014 曲中母子情

收集、整理的资料
20世纪60年代以来各时期关于"母子情深"的代表曲作。各曲作关键词列表。

展示方式
● 以截取制作的各年代曲目为背景音乐；
● 以PPT课件展示研究报告主要内容；
● 自动循环播放。

评价意见征询表
向来展台观看的同学发放并回收。

一、为我的高性能仿真航模答辩
——策划研究成果的展示与交流

在中国航空运动协会主办的全国航空模型公开赛评审会现场，我正代表制作小组回答专业评委对作品的质疑。

评委：我想知道，你们为什么选择制作这种布局的干线客机？不会只因它好看的外形吧？请对作品简介中"性能优良，飞行表现、航程、操纵性远超一般航模"的根据作以说明。

学生 L：仿真性只是我们想要达到目标的一部分。选择这个机型进行制作，关键在于对成机性能的思考。有些型号的飞机为延缓激波，配有后掠角达 37 度的超大机翼，使得升力下降，作为航模就不太合适了。而法国空中客车 A330 型机翼后掠角较小，翼展较长，展翼面积较机身比例较大，更适于航模制作。并且，我们对符合这一特点的 5 种机型逐一进行了分析估算，主要涉及 2 米翼展机的翼荷、翼面积、展弦比、升阻比、推重比、静稳定等，最终确定了以这款双发宽体机作为仿制对象。需要指出的是，对于翼展更大的模型制作，最佳仿真对象就可能又不是它了。

评委：你们做过哪些飞行实验呢？

学生 L：我们以层流翼配置航模，做了自然条件下的专项飞行实验，屏幕上呈现的是机载镜头、地面镜头和无人机跟踪的视频资料，还有机载黑匣子的数据资料。它的离地重量为 3.6kg，其中载荷 1kg。在晴朗微阵风的环境下，最大空速 48m/s，全程滞空 15 分钟。之前，我们还做过一次更极端的实验，空中最大速度达 64m/s、地速达到 78 m/s。但在恶劣的高空环境中，机翼颤振后失控。进一步的原因考查，因无足够强大的风洞装置可用，目前仍处于搁置状态。因此，我们降低了此作品的适航指标。

评委：这一作品区别于其他航模，还有哪些优势？

学生 L：为了减重，我们试制过多种结构、材料的机身；测试计算过多种翼型、配重、平尾容量；分别以

4架验证机测试机身与结构死重、机翼与配载、机内布线、机械模块的可靠性。最终作品上配置了双缝襟翼，满载条件下的起降速度可低至4m/s，对于同类尺寸的航模显得更易于操纵，起降阶段稳而慢。

另外，我们还编写了专属飞行手册，包括操作程序、速度区间、故障排查程序、配载指南和自动驾驶设置等。

评委：我很想亲自操作它飞行。可我是个新手，只飞过超轻室内机。

学生L：没有问题，这架飞机带有飞控电脑，可纠正您的动作。您可花几分钟阅读这本手册，我同时做一下地检。之后，您就可以操控它起飞了。

评委：答辩时间到。谢谢你！（李星辰）

平行事例

尊敬的专家、评委老师：

你们好！很高兴参加这次研究报告的答辩。

我们小组的研究课题是《关于考试引发学生"心理焦虑问题"的调查报告》。刚才，李老师提出我们的研究结论依据不充分的问题。在此，我想对此做一些答复。

我们的研究从上学期暑假开始，以高三学生的考试焦虑为对象。因为目前高三学习中较普遍地存在着考试过分频繁的现象，而过度的考试焦虑又危害着学生的身心健康。因此，我们选定了这一主题，并且对高三（8）班四名女生和四名男生进行跟踪调查。

该案例中的被访者（或者说是求助者），由于家人及周围人群对他们的期望高，求助者个性追求完美、自我要求严格，再加上期中考试英语失误、开学时学校又将几次考试的结果排名公布等因素，造成压力过大。两个多月以来，他们上课时注意力不能集中，经常失眠，成绩下滑，特别是想到高考临近，内心都十分紧张、苦恼。心理测验结果，这八名学生被诊断为严重或轻度心理问题。针对求助者的情况，经协商，主要应采用系统脱敏法辅助认知行为疗法进行咨询。咨询过程分为三个阶段，每周一次，每次50分钟，共七次。经过七次咨询以后，八名求助者的症状都有了不同程度的改善：上课能集中注意力听讲，也不失眠了，想到考试时不再感到紧张害怕了。近期的开学摸底考试，这些学生的成绩基本稳定下来了。

我的陈述完毕，谢谢各位专家、评委老师！

A：小品也可以是研究成果展示方式啊！

B：原以为结题活动就是写一个研究报告，说给大家听。

C：展板、图片、音像制品也可以是研究性学习成果的展示交流方式。

D：以演示报告为主，其他形式为辅，效果会更好！

E：我的研究日志也可以拿出来晒晒！

F：……

 学一学

　　研究性学习成果展示与交流是指通过对实践探究的收获进行加工整理，最终以语言、实物、图画、音像制品或简单的书面材料等方式向同学、教师、家长或社会汇报与交流的活动。通过展示交流，一方面可以让研究小组的全体成员对自己的活动历程进行回顾，总结成绩，寻找差距；另一方面，让小组之间可以相互学习、取长补短，拓宽视野，完善研究，从而促进后续研究活动。

　　1. 研究性学习成果的种类。

　　研究性学习成果可以是有形的，也可以是无形的。有形成果主要为文字类和实物类。文字类的主要有：论文、实验报告、调查报告、读书报告、项目设计报告等。实物类的主要有：模型、新产品、音像制品、网页展板、墙报、图片、刊物（包括电子刊物）、论文集、作品集、著作等。研究性学习的无形成果是指学生通过研究过程形成的创新意识、自信心、探索精神、与他人交往和合作的积极态度、责任感以及学习中自我管理的能力等。

　　2. 研究性学习成果展示与交流的方式。

　　无形成果的交流可以通过班会、专题演讲会、活动表演、成果汇报等活动进行。把自己在研究性学习中的内心体会、感受等借助生动活泼的形式加以呈现，通过交流和研讨，引发彼此的认识和思维的相互碰撞，从而相互促进和提高。

　　有形成果的展示形式包括演示报告、搞展板、出墙报、编简报、发布网页、召开成果发布会、小发明展览会等方式。展板、墙报展示要求将研究性学习开展的主要思路、实践做法、出现的问题及解决的方式、最终成果等一系列相关文字材料、论文，以及配备必要文字解说的图片展现给观众，或者将研究性学习技术作品的原理用图形、文字说明来展示。编简报，在研究过程中或研究活动结束后，将完成的研究性学习案例实录编成简报，方便交流。发布网页，是运用多媒体技术，将成果发布在网络上，供他人学习，其宣传力和影响力可以得到更广泛的扩散，甚至可以建立自己的网站或聊天室来探讨研究性学习中的问题，与他人分享研究成果。成果发布会，是指当研究取得成果后，举行发布会，播放进行研究性

学习全过程或主要过程的视频录像资料光盘，介绍成果、推广经验，进行市场推介。小发明展览会，可以是某一小组在一定时段所取得的发明成果展览，也可以联合若干个小组的发明成果一起展览。

3. 演示报告的制作。

有形成果的展示形式很多，这里以演示报告的制作为例。作为研究性学习成果展示和交流的常用形式，我们在进行演示报告前，应在相关教师的指导下撰写演讲报告、做好演示文稿（ppt）。

（1）明确演示对象，从而确定演示报告的侧重点。

演示报告应条理清晰，应说明研究目的、创新之处、所投入的时间、通过什么样的途径得到什么样的材料、整理后的材料和研究的关系等。

在介绍课题时，最好先向听众提些能够引起好奇、关注的问题，然后给以简明扼要的讲解，出色完成演示报告。

（2）演示报告中需包含的内容。

由于研究性学习范围很广，所以很难找到一个适合于任何演示报告的规范表格，以下一些内容可供参考。

①基本情况。

- 研究主题。
- 研究者。
- 起止时间。
- 指导教师。
- 研究类别或所属领域。

②主要内容。

- 研究目的。
- 研究设计（可制作成框图）。
- 研究过程。
- 研究结果。
- 主要创新点。
- 应用价值。
- 有关课题延续的新看法。

③课题研究中的问题解决。

- 课题题目的确定。
- 资料的查找及整理。
- 实际操作中所遇到的问题及其解决。
- 课题涉及哪些已学到的知识。
- 如何运用已学的知识指导研究。

（3）预设问题。

演示报告都应该留一些时间用于听众的提问，然后针对这些听众提出的问题给予回答。以下是一些常见的问题。

- 从课题研究中，产生出了哪些新的结论和设想？
- 从背景研究中，你得到了什么？
- 哪些书籍帮助了你的分析？
- 什么时候开始课题研究：这其间你做了多少工作？
- 设备的装备花费了你多少时间？
- 如何设计你所需要的设备？这些设备如何工作？
- 从实验开始到得到数据所花的时间是多少？
- 你用不同的仪器做了几次实验？
- 你是否尝试过其他方法，却没有成功？
- 你能说明你的研究与哪些科学原理有关？
- 你认为你的研究有哪些实际应用价值？

试一试

湿地是一个独特的生态系统，具有重要的功能。大家开展了《湿地的功能》这项研究性学习后，有很大的收获。请为这一研究设计一个研究成果展示活动。展示的内容可以是大家在研究过程中活动的计划、采集的图片、收集的资料、老师或同学的建议、讨论结果……

评价要点

1. 成果内容的展示是否重点突出、要点清晰。
2. 成果展示设计是否与其类型特点相匹配。
3. 成果呈现的形式是否丰富、吸引人。
4. 策划过程是否经过全组人员的思维碰撞。

二、我们获得的不只是一等奖
——研究性学习的自我评价

在今年夏天的研究性学习课题评比中，我们的课题"学校草坪为何不绿"顺利地通过了展示和答辩，获得了一等奖！

出于对如何使学校草坪的草保持常绿、长得更茂盛的想法，我们几个同学组成了一个课题研究小组。在研究过程中，我们遇到了不少困难：两次买草籽空手而归；缺少种草的经验；草籽发芽过程中受到外来因素干扰，导致实验失败……

然而，也正是这些困难，促使我们远赴广州购买草籽；向生物老师请教各类元素对于植物影响的分析；向化学老师请教酸碱环境中对植物不同特性影响的可能性分析，向经验丰富的园丁伯伯请教种植、施肥的方法；从杂志中学习科学分析的方法……学习、求教和实践伴随我们的整个研究过程，我们收获的不只是一等奖，还有面对困难协作探究的体验，走出课堂实际解决问题的愉悦。

虽然如此，我们的课题还存在不足，不少老师和家长也向我们提出一些宝贵的意见。例如：盆栽与大地栽培有无区别？室内与室外环境有无区别……这些意见使我们的思考更加开阔，也明确了进一步研究的方向。

平行事例

近年来，共享单车作为一种新型商业模式，满足了人们"最后一公里"出行需求，得到快速发展。但占用人行道摆放问题，只图自己方便的私藏、破坏等问题也随之而来。顺应社会发展的"共享"新实践，遭遇部分人"独享"行为障碍，这其中的核心问题在哪里？有哪些措施和新技术使用有助于问题解决？作为中学生，我们很关注这些问题，选择了"共享单车，国民素质赶考的现状与思考"课题。今天在此进行展示和答辩。

在整个课题研究过程中，我们遇到了很多困难。纷繁杂乱的网络信息和同学们各不相同的想法，让我们一开始无从下手。后来，我们分组上网搜集资料，经比较汇总后做出问卷，再走街串巷进行口头调查及问卷调查。对有分歧的问题，大家各抒己见，对意见进行遴选。我积极参加每一项内容，协助组长整理材料、撰写论文，认真听取组员意见和建议，尽可能挖掘大家所收集资料的价值，这让我懂得细心倾听，明白了团队合作的重要性。我们的这项研究可能并没有很高的水准，但在这个过程中，我真切地体会到研究性学习带来的是丰厚物质不能比的东西，那就是丰富的经验和遇到问题勇于面对的精神。在研究的过程中，我得到了历练，得到了成长。我相信，在未来的学习生活中，我将运用这些经验和方法，更加成熟、更加理智地处理遇到的问题。

A：呵！一个研究做下来我竟然收集了这么多资料！

B：如果不是亲身经历，真不知道做一个研究要克服那么
　　多困难！

C：真是让我长了不少见识！本事大了！

D：第一次上讲台的陈默（P131），好像就是我。

E：写完《制作专题网页的14天》（P122），我都被自己感
　　动了。

F：……

学一学

　　研究性学习是以"促进学生养成永不满足、追求卓越的态度，提升发现问题、提出问题、从而解决问题的能力"为基本目标；以学生从学习生活和社会生活中获得的各种课题或项目设计、作品的设计与制作等为基本的学习载体；以在提出问题和解决问题的全过程中学习到的科学研究方法、获得的丰富且多方面的体验和获得的科学文化知识为基本内容。

　　在研究性学习活动中每个成员都会产生大量的生成性资料，其中有文字的，有行为的；有静态的成果，有动态的实践；有外在的表象，有内在的体验；有物质形态的，有精神状态的……我们需要收集这些信息，分析这些信息，对本人所进行的研究性学习进行自我考量、评价，从而调节活动中的行为，提供活动行为的自我导向。

　　1. 自我评价的作用。

　　教师及外界对研究活动的评价是对学生研究活动的描述，很难准确反映学生情感体验、方法掌握以及对事件的价值观认识，而这些恰恰是研究性学习课程评价的主要追求，它可以通过学生自我评价来实现。自我评价是学生自我认识、自我反思的基本手段，也是学生自我诊断、自我矫正、自我完善和自我实现的催化剂，也可以帮助老师了解情况，利于老师针对性的指导。

　　在课程实施中，许多同学把积极的自我评价、自我感受看得比分数或物质奖赏更为重要。那些通过自我评价，对自己的行为表现感到满意的人，会调动起自身对探究的心理冲动，强化克服困难的决心。对能力充满自信而又对自己的行为表现不太满意的人，会付出更多的努力去完成自己所设置的目标。

　　2. 自我评价的主要内容。

　　研究性学习自我评价的内容主要有：活动的参与程度和努力程度；在研究性学习中的情感体验；学会了哪些知识；掌握了哪些研究方法；训练了哪些基本技

能；发生了哪些态度价值观的变化；交往、合作能力是否得到提高；创新精神与实践能力是否得到发展等。

我们在研究性学习过程中的态度、能力和取得的成果等，很难通过简单的数据计量予以评定。因此，采用这样多维度自我观察与评价就显得十分必要。评定结果的表述方法主要有语言描述、等级评定、程度定位等，例如等级可分为优、良、中、及格、不及格。

3. 研究性学习评价表（一）。

研究性学习评价可以从不同的视角展开。"知识与技能"、"过程与方法"和"情感态度价值观"是一种思路。

研究性学习评价表（一）

序号	评价对象	评价内容
1	知识与技能	是否理解了本课题所用到的学科知识
		是否自学了新的学科知识
		能否提出问题
		能否判断问题的价值
		是否自己确定课题的方向
		是否自己亲自获取的信息
		能否处理获得的信息
		能不能自己独立思考
		有没有社会调查能力
		能否和同伴合作
		能否解决研究过程中遇到的问题
		能不能组织研究过程
		有没有动手实验和操作
		能不能把自己的想法表达和交流
2	过程与方法	研究方向是否清晰
		研究方案是否可行
		全程参与研究过程的每一次活动
		在研究过程有提出过自己的建议
		在研究过程曾经解决过重要问题
		研究过程能整合和利用信息
		研究方法选择是否正确
		对小组的研究性学习积极贡献自己的力量

（续上表）

序号	评价对象	评价内容
3	情感态度与价值观	正确对待研究性学习
		认真参加每一次课题组活动
		敢于克服困难的勇气和毅力
		积极搜集资料、分析和处理资料
		主动提出设想和建议
		乐于帮助、配合同学
		善于听取和采纳他人的建议
		努力完成课题所承担的任务
		具有团队合作的意识
		宽阔的胸怀、求真务实的科学态度
		追求卓越的创新精神

试一试

假如你是附录二援助站①中"自来水的异味是怎么来的"（P140）课题组成员，你如何评价自己的研究。结合"学一学"中的评价表，和同学讨论交流自己的看法。

评价要点

1. 本人是否全身心地投入。
2. 课题完成的基本情况。
3. 研究过程中学到的知识与技能。
4. 研究活动中的情感体验。

三、他们的发挥超乎寻常
——进行研究性学习的他人评价

食品安全事件的频发，把人们的目光引到了三聚氰胺、苏丹红、瘦肉精等食品添加剂。深入了解食品添加剂的功用及危害，已经迫在眉睫。胡婷婷小组因此选择了"食品添加剂知多少"主题进行研究。

对学生课题研究的指导，让我感触颇深，为他们积极投入的态度和不达目的不罢休的精神而感动。在整个研究过程中，学生们发挥了超乎寻常的潜力：实践论证阶段，组长胡婷婷想出亲自动手做实验一探究竟的策略；访谈阶段，杨巧帆、连丽纯双管齐下，既访问一般群众，又访问食品添加剂受害者，使信息收集更为全面；实验阶段，李紫曼就地选取实验材料，如洗衣粉、面粉等，既经济，又不失发挥实验作用；准备结题答辩阶段，宁军、沈枫、吴琼蛟通力合作，逐一分析各个细节，使研究结论更为可靠、可信……

当然，他们的研究性学习活动也存在一些不足。如在万绿园做问卷调查时，因对一些突发情况考虑不周，以致出现问题后措手不及；在最后的结题阶段，组员间沟通不够充分；任务分工不够明确，导致组员工作量悬殊等。

平行事例

当我和同伴们一起步入"自来水的异味是怎么来的"研究天地，走完一段探究之旅的时候，或许不少读者在肯定之余会提出这样的问题：这个研究是否太肤浅？到底这个结果有多少价值？自来水的异味因此就会发生彻底的变化吗……本课题是7位同学合作的结晶，研究过程中我们配合比较默契……但在预约自来水厂的过程中林少光、罗俊金却表现了沟通技巧的缺失，他们在出发之前可采用电话等通信手段向自来水厂相关部门咨询，出行之前也应开具介绍信，诸如此类的沟通技巧将有助于他们在今后的研究过程中少吃"闭门羹"。徐可、周特斯在研究方法上，他们有明晰的研究程序，并且步步逼近目标；在访问自来水厂、区监测站未果时，彭远洋、吕日清能及时提出求教指导老师和到图书馆查阅资料等策略；在经费使用上，赖翔龙能合理地使用最少的经费完成我们的研究。在对研究内容的动态调整，也反映了组长徐可对研究方法及目标的改进能力……（王大全）

七嘴八舌

A：同学间的评价更细微、更真实！

B：即可不一定！糊弄一下就完成的研究，同伴评语也是假的？

C：我连续在图书馆查了几天资料，管理员老师对我评价可高呢！

D：我更关注进步幅度！让"丑小鸭"得到鼓励！

E：讨论中很容易发现自己的不足，也容易发现别人的长处！

F：……

 学一学

研究性学习的评价方式除了自我评价还有他人评价，他人评价主要是指同伴评价、指导教师评价和家长评价等。在他人评价过程中既要着眼于对整个小组的总体评价，又要注意到个人在课题研究中所承担的角色、发挥的具体作用及进步的幅度，更要关注学生在某些方面的特别收获，顾及学生的个别差异，让更多学生获得激励和成功的体验。

1. 同伴评价。

同伴评价是指课题组成员对其他成员参加活动情况进行评价。同伴互评是培养我们正确对待自己、正确对待同学的良好习惯和心理素质的最好方法。在评价过程中要尽量寻找同伴的闪光点，客观公正地看待别人的优点和缺点，学会欣赏同伴，反思自我，互相学习，取长补短，同时也要给同伴指出不足，帮助同学改掉缺点。

2. 指导教师评价。

指导教师评价是指教师对课题组成员在课题开题、研究过程和结题全过程的表现进行价值判断。评价的重点放在学习方法（自主、合作、探究）的运用、客观性资料的收集与使用，情感、态度、价值观、研究能力的发展上（参阅"研究性学习评价表（一）"）。

3. 家长评价。

研究性学习需要社会的关心和支持。作为家长，认识到它对于孩子成长所起的重要作用，因此家长也要对孩子的活动进行激励性评价。家长评价内容有：孩子是否曾与家长讨论自己的研究专题；孩子对所参与的研究活动的兴趣如何；孩子为所做研究投入的时间和精力；孩子参加研究性学习活动前后的变化如何；家长对孩子的研究成果的看法；对学校关于研究性学习提出合理化的建议等。

4. 研究性学习评价表（二）。

每一个研究都会受到研究者自身认识视角和知识背景的制约，同样的，每个评价者也都会受到这样的制约。研究性学习评价还可以开题、中期和结题各阶段为线索展开。同学们也可以根据个人的研究体验，丰富与完善评价细目。

研究性学习评价表（二）

序号	研究阶段	评价内容	评价标准
1	开题阶段	选题评价	选题是否有价值
			选题是否新颖
			选题是否与社会、生活相适应
			选题是否与现有知识能力相适应
		课题分析与论证评价	研究的目的和意义是否明确
			研究的内容范围是否明确
			可能出现的困难和问题是否明确
			预期成果及表达形式是否明确
			研究的主客观条件是否具备
			信息搜集的渠道是否多元化
		课题计划评价	研究方法的设计是否多样化
			研究过程的规划是否有合理
			课题组的分工是否合理
			研究计划的表述是否清楚
2	中期阶段	研究态度	是否有热情
			是否付出了努力
			是否团结协作
		信息搜集情况	搜集途径和方法的多样化
			信息的效用情况
			信息的处理能力
		研究方法的使用情况	研究活动的方法是否多样化
			研究方法的选择是否合理
			是否有一些新的技术方法
		研究过程的组织性	是否重视实践和实验
			整个过程是否在按计划进行
			整个过程安排是否合理
			是否能根据实际情况调整研究计划
			是否善于寻求帮助
		活动记录情况	是否有合理的分工和紧密的合作
			活动记录是否真实
			活动记录是否及时
			活动记录是否完整
			活动记录形式是否合理

（续上表）

序号	研究阶段	评价内容	评价标准
3	结题阶段	成果展示和交流	课题研究成果与原计划中目标的达成度
			课题研究材料的完整性
			结题报告的科学性、实践性、逻辑性、创新性
			研究过程对自我成长的促进显著
			研究结论的信度和效度
			研究成果的创新性
		答辩	陈述研究成果时的条理性、科学性、熟练性
			答辩时的应变能力
		研究反思	提出对自身研究的薄弱之处
			提出有待进一步研究的问题
			研究之外的发现

试一试

根据前两节所学，请你以一个同伴的身份就附录二援助站④"房屋的建筑质量是如何检测的"（P161）的相关内容设计一个评价表，做出评价意见。

评价要点

1. 是否具有明确的研究方向。
2. 研究过程中表现出的优良操作。
3. 研究结果的陈述是否中肯、有条理。
4. 科学态度、情感投入情况。

四、难忘的旅程
——用档案袋记录成长

1. 我的自画像。

我个子中等，1.66m，在班里排第十个，长脸短鼻子，手大脚也大，一双眼睛不大也不小，眼珠子特别有神，一张大嘴巴特别能说，只要一说起来，说上一个小时也没问题，个子不高不矮，身体不胖不瘦。总的来说还是比较帅的。我喜欢吉他、做手工，说得一口流利的普通话，作文写得也不错，研究性学习是我最感兴趣的课程。

2. 难忘的旅程。

本学期，我一步一个脚印地在实践中锻炼自己，看看我参加了哪些研究实践活动吧。

第一次活动：_____

第二次活动：_____

第三次活动：_____

_____

3. 我的"足迹"。

(1) 采访记录_____篇；

(2) 调查实录_____则；

(3) 数据统计表_____张；

(4) 实践照片_____张；

(5) 手抄小报_____份；

(6) 伙伴、老师、家长评价_____次；

(7) 专题录音带_____盒。

_____

4. 我最值得自豪的事：_____

5. 我给自己提意见：_____

6. 我眼中的研究性学习：_____

平行事例

我的研究性学习活动过程记录

记录者：杨华飞　记录日期：2011 年 3 月 23 日

研究课题：一次性发泡塑料饭盒的危害及取代途径	
访问者：杨华飞、李靖	采访日期：2011 年 3 月 22 日
被访问者：刘副局长	工作单位：环保局
职务：副局长	专业（专长）：
地点：深圳市环保局	方式：面对面 访谈时间：60 分钟

访问记录：（面对面）

　　下午两点多钟，我们来到环保局。首先我们找到门卫，经了解，可以接受我们采访的是环保局刘副局长。我们向他说明来意，刘副局长非常热情，他向我们大略介绍了非可降解饭盒的危害，以及对人体健康和环境的危害及影响。同时他还向有关部门要了一份国家颁布的禁止使用不可降解饭盒的文件，并让我们将文件拿回去复印。

（续上表）

研究课题：一次性发泡塑料饭盒的危害及取代途径
专家意见、建议： 　　除了收集的这些资料，还可以在报纸上或网上得到更多的资料。另外，还可以找一下生产不可降解饭盒的厂家，进一步得到更加详细的资料。
访谈中发现的问题： 　　由于我们对被访问者的专业程度及个人性格特点了解不多，所以在提问的过程中或多或少有点拘谨，有些问题准备的不够充分。再有就是我们在访谈中不会注意对方的心理变化，随机应变能力不强。记录的时候没有分清主次，想全部记下来但是速度跟不上。
我们的思考和建议： 　　第一次去采访别人，收获还是蛮大的，和陌生人打交道原来也不是很难，只是以后在访谈前必须预设好详细的访谈提纲，有备无患，不然很难达到预期效果。要掌握采访技巧，讲究采访方式，记录的时候要在把握好记录重点内容的前提下，记录越详细越好。
备注：

A：访谈记录很亲切啊！

B：这种记录对我后续学习的影响比简单的分数评价大得多！

C：我们在几个关键点上的争论，也应该记录下来！

D：老师的指导是不是也可以记录下来？

E：同学的不同意见好像也有必要记录？

F：……

 学一学

　　档案袋是指学生在教师指导下，搜集、积累起来的反映本人研究性学习过程与成果的信息资料，一般包括研究内容、成果；进行研究的过程；体会及家长、教师的期望等。以档案袋内容为依据，对研究性学习进行综合性、发展性评价，为学生提供了一个个人成长的机会，使学生能够通过自我判断，推动自己的进步。

1. 档案袋的内容。

根据研究性学习的特点，档案袋的内容可分为五个方面：一是研究方案设计过程的资料，包括课程研究方案、调查方案、实验方案等资料；二是收集信息和研究过程资料，包括活动进程、观察日记、访谈记录、活动记录、实验记录、各种原始数据、学习体会、中期汇报、收集的参考资料等；三是研究成果包括结题报告表及各种形式的报告正文等；四是指导教师指导记录；五是评价方面的资料，包括学生自评、指导教师评价、成果评审、成果答辩等资料。档案材料的积累可以使我们获得研究性学习的成功感和满足感，也为研究活动的反思调整提供依据。

2. 档案袋评价的特点。

第一，促进评价与研究性学习相结合。档案袋收集了研究性学习从开始到结束的整个过程的资料和成果，真实地反映了同学们的学习过程。对档案袋的评价，即能评价学习成果，也能促进同学们按计划完成研究性学习活动。

第二，全面深入地展示同学们的学习能力。档案袋评价不局限于一场考试，受时间、内容及一些不确定因素的影响，在没有太多压力和时间限制的情况下，同学们可以利用各种资源和参考资料，与他人合作完成高质量的工作，从而展示我们的多种技能。如，写作、口头表达、图形表达、社会技能和文化意识等。另外它又真实地记录了学习过程。因此，档案袋是我们成长的记录，而且推进了我们的成长。

第三，能促进我们主动学习。在研究性学习过程中，因为要把相关资料和成果放入档案袋，这就促使我们按照既定目标，监控学习进程、反思自己的进步和成果的质量，充分展示我们的学习能力。

档案袋评价不同于传统的评价方式，更能全面、客观地反映同学们研究性学习的过程，并能更好地促进我们完成研究性学习活动。

试一试

阅读附录一支持岛②"研究者日志变奏曲"（P122），帮助研究者开列一份应该收入档案袋的材料清单。

评价要点

1. 入档资料中项目研究者、时间、项目内容是否真实、一致。
2. 研究资料是否完备、丰富。
3. 资料形式是否多样、生动。
4. 是否包含研究过程的内心感悟的日志资料、心理历程。

本章小结

实验发生的研究性学习大致会有这样三个阶段：进入问题情境阶段、实践体验阶段、表达交流阶段。它们之间并非截然分开，而是相互交叉，交互推进。对研究性学习全过程的评价需要贯穿始终，充分发挥档案袋评价的作用。

研究性学习活动旨在发挥每一位学生的潜能，使我们享受到探究、学习、进步的成功乐趣，研究性学习成果的展示和评价，就是实现这一目的的重要的环节。

评价角度	形式与方式	意义
研究性学习成果展示	1. 班会、专题演讲会、成果汇报会； 2. 活动表演、学科竞赛； 3. 演示报告、展板、墙报、刊物、网页； 4. 小发明和小制作展览会等。	1. 提供一个总结、交流经验的机会； 2. 以便总结成绩，寻找差距； 3. 互相学习、取长补短。
研究性学习评价	1. 自我评价； 2. 他人评价（同伴评价、指导教师评价和家长评价等）； 3. 档案袋评价（档案袋的内容包括在研究性学习过程中的自我评价和他人评价方面的资料）等。	1. 培养正确对待自己、正确对待同学的良好习惯和心理素质； 2. 培养同学欣赏同伴，反思自我，互相学习，取长补短的能力。

能力挑战

1. 本书"七嘴八舌"栏目中常会出现属于评价的语句。请以各章第二节此栏目为对象，找出有关评价的语句，并思考它是从哪个角度来说的。

2. 根据以下实地观察记录内容，对该同学在研究性学习中的表现做出评价。

实地笔记	感受与想法	方法与作用	初步分析
12:10 食堂里大约有300人，10个窗口前队伍平均有4米长。	我感觉很拥挤。	这个数次是我的估计，不一定准确。	中午12点似乎是学生就餐的高峰。
12:05 在卖馅饼的窗口排了一个足有5米长的队，而且排队的大部分（约3/4）是男生。	我想是不是今天的馅饼特别好吃？是不是男生特别喜欢吃馅饼？	我站在离卖馅饼的窗口有5米远的地方，看不清楚馅饼的质量，不知道这些人买馅饼是否因为馅饼好吃？	也许买一种食物的人数与该食物的质量之间有正相关的关系？

3. 怎样评价没有达成预期目标的研究？

思路点拨：（1）研究性学习的评价注重结果但更注重过程。（2）对于没有达到预期的研究本身的分析研究，也是研究性学习的重要组成。

4. 你们小组是如何展示研究成果的？对你们的展示，他人给予了什么评价？你们认同吗？

这里的空间是留给同学们的，需要用研究中的酸、甜、苦、辣来填写。经过较为系统的、分解性的基础知识学习，我们将进入真实情景中，在综合性的研究实践中学习、提升。

在这一过程中，同学们会发现先前所学可以派上用场；更会感到，先前所学远不够应对眼前困难。谁能帮助我们攻坚克难，怎样求得别人的帮助，是需要同学们亲身经历才能学会的事情。

附录一，安排了可抱团取暖、汲取精神力量的"支持岛"。身心疲惫的时候，请记得回来歇息片刻。附录二，安排了切磋思辨，获得方法、策略启迪的"援助站"。茫然无措的时候，请记得去那里找些灵感。

研究者：　　　　　　　年　月　日

课题名称：

内容：

我的研究日志

确定问题　查阅文献　收集资料　分析资料　得出结论

附录　在真实的研究实践中学习

附录一：伴随研究性学习的时光

支持岛① *当你心灰意冷的时候，请来……*

我读到的最美研究日志
——感受爱迪生的工作

1879 年 10 月 21 日

我们坐在那里留神看着这盏灯继续点燃着。它点燃的时间越来越长，我们笑得神驰魂迷。我们中间没有一个人去睡觉——共 40 个小时的功夫。我们中间的每一个人都没有睡觉。我们坐着，洋洋自得地注视着那盏灯。它持续亮了 45 个小时的功夫。

……

1879 年 10 月 21 日，灯泡寿命 45 小时。下个目标——1000 小时。

教师评析

这盏让人神驰魂迷的灯，便是世界上第一盏并非"昙花一现"的白炽灯。为了这盏梦中的灯，爱迪生做了 400 多本工作日志和资料笔记。

支持岛② *当你心灰意冷的时候，请来……*

研究者日志变奏曲
——制作专题网页的 14 天

Lonelyboys

关于我和我的爱好

我，一个 17 岁的高级动物，雄性。第一次知道电脑是

什么是在 N^2 年前，第一次拥有属于自己的电脑是在 N^1 年前，而第一次真正接触网络却是 N^0 年前（$N^0 = 1$），这多少有些奇怪，至于为什么，可能是家长的原因吧。

我，生长在世界的一个角落里，一座孤独的城市里，因而有了自己相关的网名"Lonelyboys"，也因此只有通过网络这样的东西来"改革开放"自己，进入这个虚幻的世界里。

做网页纯属个人爱好。

在网页制作方面，技术不是问题，而要做出一个让人"一见钟情"的就难了。经常因为别人的一点建议，而把整个版面都换了，但在紧张的学习之余，我还是坚持下来了，"为什么？"我常常问自己，也许是心里的那份热情吧。

当然也有想放弃的时候。常常把自己的作品拿给同学看，得到称赞的时候屈指可数，于是便把这些置之一边。过了几个星期，再看看自己的作品，又会发现不少不完善的地方，于是又一次次地给自己鼓励安慰，一次次地重振起来。

直到高二的最后一天。当然等高三过去后我还会卷土重来。

邂逅

Day 1

2011 年的某个平常的日子里，英语老师 Julia 突然来到了我面前，我不可能以为她是来请我去喝 coffee 的了，好在不是什么大事，她要求我在两个星期内完成一项研究性学习——网页的制作。也难怪，我是"公认"的网络高手，老师自然有向我"发难"的理由。

也许是上天给我的一个机会，千里马总有被伯乐相中的一天，我是这样认为的。回到家便找遍了房里的所有柜子，Photoshop、3D Max、DW、FrontPage、Finewerk、Flash、Paintor……所有可能被用到的东西都装到了机子上，不免一阵兴奋。可不一会儿，我便对着电脑发呆了，因为连主题是什么都没想好。

课件的引擎是什么呢？人人都会 PP（PowerPoint），

人人都做就没味道，我不想啃别人吃过的馒头，放弃PP是肯定的选择……脑细胞死了几十万个，最后决定制成网页的形式，对一个普通的高一学生来说，这也许是种挑战，不过年轻人就应该这样。

网页普通吗？一些人总是以为做了网站就了不起了，网页，集文字、图片、声音、影像、动画于一身。老实说，现在的网页多得是，然而又有多少"好东西"呢？

网站如电影，一部不管多好的电影，没有人喜欢看就是垃圾，网站好坏也类似，"点击数"便是成绩。

网站又如一种乐器，与使用者有关，不管你是网页设计师，还是刚学会打自己名字的人，都可以用心去做，把自己要表达的，以一种形式——网页中的元素来表达。

即使是一个少"花样"的网站，只要它容纳了站长的感情，也还是能够留住人们的。

思索了半天，终于搞清楚了自己的意图，等待我的即将是14个没有午睡的日子，14个难熬的夜晚。

苦想的日子

Day 2

这一天是第2天，还有12天的时间，本想在今天来个"开门红"，将整个版面的大概样子弄出来，可是"开门红"没见到，偏偏遇上了电脑坏掉。

"偏在这时候坏机。"弄了1个小时，没成。只好使出绝招——重装，又1个小时过去了。

凌晨，我撑不住了，明天还要上课，又要等到明天。

Day 3

今天收到了老师的课题资料，大概是介绍美国的吧。好像有不少班也在做关于美国的选题，"9·11"十周年，还是采纳吧。

Day 4、5、6、7

一直沉浸在构思之中。

出水芙蓉

Day 11

离交差还有 4 天，我显得有点急，有点彷徨，"老师把这艰巨的任务降在我身上"，当初以为是"小儿科"，现在成了"偏头痛"。

"怎么了？"身后传来了熟悉的声音，是好友阿飞，也是本次课题的负责人之一。

"还用问，不就是为了做课题的事。"我说。

"进展如何？"

"Bad，因为有几个班的课题都是一样的！"

"哦，那不是很 SO，SO 咯！"

"是的。"

"那我们应该来点新的。"

"有道理，但问题是要新在哪里呢？"

沉默了一阵子，"你不是会 Flash 吗？"

"嗯。"这是不错的提议，我接着想了下去……

Day 12

这一天，已是到期前的第 3 天，我们得到了特权。在老师办公室里，三部电脑两个人。时间是宝贵的，我用两部做网页，另一部由阿飞用来找资料。

两部电脑怎样充分利用呢？我是这样分配的，一部纯制作，另一部则用来录歌。

录歌干什么呢？用来作背景音乐呗！

在这一课题中，我们定了个关于美国"9·11"十周年反思的主题。这次我们大都是原创，将一些报纸上的资料扫进电脑，对一些图片进行修改，再不行就网上下载。至于做得是否感人，很大程度上跟背景音乐有关，找来平时听了有感觉的 CD，用"超级解霸"Copy 入电脑。

动画方面，有时 JPG 的效果太差，使用 Photoshop 修改。再引入 Flash……

大概这 3 天就这样忙过去了。

终于，网页产品出来了。

对"口香糖污染问题"调查的指导

——研究是怎样趋于完善的

胡习花

2012 年 4 月 12 日

刚刚布置完做一个调查研究的任务，学生们便七嘴八舌地议论开了，恨不得马上开始行动。我被学生的这种热情深深地打动了，下了课便和他们一起议论。一位女同学说："老师，我们几个刚才私下议论了一会儿，想去调查口香糖的污染问题。"我问："为什么选这个问题呢？"她说："学校一再禁止往地上吐口香糖，但是屡禁不止，而且还有很多同学不停地买。"我说："好啊！你们自己组织人员，开始拟订计划吧。"

2012 年 4 月 15 日

上课前，孔祎斐找到我，手里拿着一张纸，"老师，你看看，我们设计的这几个问题可以吗？"原来是一张调查问卷。我问："你们准备去哪儿调查呀？"她说："高中部。我们发现高中生更喜欢吃口香糖。"我仔细地看了看她们设计的几个问题，故作奇怪地问："你们为什么不问问高中生为什么喜欢吃口香糖呢？"她一看问卷，便恍然大悟似的说："啊，这个问题漏掉了！"

2012 年 4 月 25 日

她们的数据分析以图表的形式画出来了。我一看图例、图表设计都不错，便问她们下一步打算做什么。刘漫远说："找到解决污染的可行办法。"我一听，她们的思路是对的，便问："找到办法了吗？"她说："我们会集思广益，先听听别人的意见，也可以作一份问卷调查，或者查找资料。"我问："你们的结果出来后，准备怎么办？"她说："我们会写一份倡议书，向全校同学呼吁，不要让口香糖污染环境。"我说："有没有想过写一份较完整的调查报告交给学校，让学校来解决不是比你们的呼吁更有效吗?"她们想了想，点了点头。

支持岛④　当你心灰意冷的时候，请来……

指导研究的青涩时光
——品味几个男生成长的三个月

蔡军连

2012 年 5 月 2 日

我本想在所任的五个班里每班各挑选两个学生参加，但考虑到人多难以开展，于是就只叫了廖慧杰、张明宇、江彧龙、陈博深等几个学生，清一色的男生。他们酷爱电脑，所以一和他们讲明了目的后，他们都挺乐意加入我指导的课题研究，让我感到挺开心的。

本来我的课题是：班级网页的制作。当征求学生的意见时，想不到却有三种不同的意见，有的说喜欢做网页，但有的说想搞 VB 编程，还有的想尝试编游戏。果然是一个个性张扬的年代，学生的思维总是那么多元化，真如《研究型课程》一书所强调的那样——尊重学生的选择。那我就尊重他们的选择吧。几个学生确定了各自的方向后，我要求他们第二天给我一份简单的设计方案。

2012 年 5 月 3 日

陈博深、杨迪、范品隆交来了方案，内容很简单，就是关于一个音乐专题的网页。栏目不多，仅有三项。虽然我觉得简单了点，但想想他们才刚刚上手，于是决定先让他们亲自动手做。而电脑高手廖慧杰说弄个 VB 编程，想先试试多了解一下 VB 再确定项目内容。我对他说："你不要漫无边际地弄这弄那，确定内容就好动手了。"这帮孩子的兴致蛮高的，不过看来还是需要指导。

2012 年 6 月 6 日

这段时间里，每个星期四下午第八节，学生们几乎都在电脑室互相讨论，互相切磋，虽然大家做的项目不尽相同，但不懂的就互相请教或问我，如此的氛围，大家探讨的热情特高……团体学习的氛围还是有促动性的。

2012 年 6 月底

研究性学习就要告一段落了，可我们的日记没能坚持写下来，学生的作品倒是做得七七八八了，不过都没什么文字性的东西给我，于是我要求他们都回去写篇短小的日记，可惜写的人不多，我也没强迫他们。仅有下面两篇短小的话：

音乐压缩为 MP3

学生：陈博深　　　　　　　　　　　　6 月 13 日

我的网页有一项是古典音乐欣赏，可在网上找不到我要的内容，于是从家里带来了一张 CD，想将它拷到电脑上。可老师告诉我，除非电脑装了某种播放器才行，否则这样收听不了，她教我用超级解霸将 CD 压缩成 MP3。我这才明白，在制作网页时，要把 CD 音乐压缩为 MP3 才可以收听。我首先打开超级解霸 xp（当然其他版本也行），选择一首自己要的 CD 音乐，在播放的开始按下"录音"，然后用"压缩录音"就可以将这首 CD 音乐压缩为 MP3 了……

制作网页

学生：张明宇　　　　　　　　　　　　6 月 27 日

前天晚上 7:30，一边看足球比赛，一边赶制"神探柯南"网的我，在一平方寸大小的凳子上，奋力拼搏着。哎呀！德国赢了?!

真是的！赶紧做吧！一边用手写笔在手写版上乱舞狂飞着，一边想着下一步要做什么。老妈一遍又一遍地催我洗澡，我一遍又一遍地说："马上就好！"终于，在 9:25，完成了"神探柯南"网页的制作。

2012 年 6 月 30 日

学生们的作品完工了，我做了个"研究性学习，快乐中学习"的网站，将大家的作品一一挂到网上。打开网站，通过点击超级链接就可以浏览学生们的作品，更重要的这是一种体现整体感的总结方式，这种 WEB 方式也是网络交流学习的最好方式。

下午特意找了个时间让他们一起来看看，讨论讨论。这帮学生有说有笑，我叫他们分别简短地解说一下自己的成果。每看到一件作品时，他们中有人就欢叫一阵，看得出他们心中是多么的快乐，同时他们又是那么的稚趣。事后，我让他们回去各自写篇作品介绍和心得体会。

2012 年 7 月 1 日

今天上午，研究性学习成果展示会在五楼综合楼会议室举行。分文理两个室，我们这个课题当然属于理科。很多小组，很多评委，也有很多学生观看。我的那群学生似乎挺紧张，张明宇不断地问我："什么时候轮到我们?"

我要求参加研究的几个人一起上场，并按照挂在网站上的作品排列顺序依次讲解，每人讲 2～3 分钟。我安排陈毅敏做主持，并交代他如何如何开场。

终于轮到他们了！他们一字排了开来，有点像女孩子的样子，羞答答的。讲台下立即一阵哗声，可能想不到我们的阵容这么大吧。主持陈毅敏首先打开了网站，然后就开始讲了：

"大家好!

研究性学习即将告一段落了，经过几番努力，几经周折，我们的研究性成果终于闪——亮——登——场啦!

首先，我代表全体成员感谢蔡老师的指导和帮助。

……"

在他讲话的过程中，他那一本正经的神态和语气特逗，搞得台下观看的评委和学生笑声不断。我自己都有点哭笑不得了。不过他居然在众人面前称赞我，说我的网页做得很漂亮，让我着实感动了很久。

更让人哭笑不得的是，张明宇在介绍自己的"神探柯南"网页时，因为内容比较多，时间又不够，他霸着话筒不停地讲，但后面还有三个作品要介绍，我在台下干着急，示意陈毅敏叫他将话筒交给下一位学生，可张明宇很不愿意地说："我还没讲完呢!"弄得台下又是一阵笑声。

潜意识里我感觉到我的学生的展示解说在评委眼里是

不能算成功的，别的组解说都很严肃，而这几个家伙却笑话连篇。但我还是挺开心的，因为我觉得他们的临场表现真的很棒！事后，我不断地表扬他们表现得很好，但张明宇还是很不开心地诉说："蔡老师，他们应该让我说完嘛！"

2012 年 7 月 2 日

这一学期的研究性学习结束了。我想，也许我们的这种学习还谈不上真正的"研究"，只是用我自己已有的经验去指导学生。对这种学习模式，我认为只是一个引导的过程，其实也不是一个很玄乎的方式，很简单，就像我们学自行车、游泳或者开汽车等技能一样，很少有人是通过书本学会的，而是通过学、摔、练的过程慢慢掌握这个技巧，而当你学会之后，就一辈子都不会忘记。

和这群学生接触多了，慢慢了解了他们的性格，从中也能揣摩出他们在整个研究过程中的一些心态。首先他们都是本着学习的心态参与的，但在整个过程中，由于个性不同，也就决定了他们研究的方向和内容。从和陈博深的接触中，我感觉他应该是一个比较沉得住气、比较安静的孩子，而他在做网页的过程中也是这样，很安静很仔细，这样的孩子真正做起科学研究的话应该是很严谨认真的；而张明宇就完全是另一种性格的男孩子，他爱说，爱玩，喜欢表现，做事喜欢边做边玩，而且也只有他喜欢的东西才愿意去做，比较执拗，和他讲问题有时不得不带有劝说的口吻；陈毅敏这个学生更是让人佩服，思维特敏捷，做起事情来特专注特独立，而且很讲究精益求精，处理问题的方法往往让你意想不到。从过程看个性，再从个性看发展。我想，这应该是指导者关注的问题。

支持岛⑤ 当你心灰意冷的时候，请来……

不知今天这"关"他怎样过
——谁来帮他迈出第一步

2013 年 12 月 6 日

研究性学习展示活动已经是第二天了……轮到陈默了，我不禁担心起来，他可是一向寡言，从没上过台啊。不知今天这"关"他怎样过。

"下面请陈默同学宣讲他的研究！"主持人话音刚落，大伙儿的眼光便齐刷刷地落到陈默身上。紧接着响起一阵热烈的掌声。陈默脸蛋涨得通红，显得有些不知所措。掌声过后，他还呆坐在座位上。在同学们的一再催促下，他才低着头慢慢走上讲台。面对大家期盼的眼光，他胆怯了，足足有 3 分钟，像钉子一样钉在那儿，竟然一个字也没有说出来。下面一片"嘘"的声音，甚至有人在偷偷地笑……他沮丧地回到了自己的座位。

我望着他手中攥着的研究报告，灵机一动。

轮到老师点评了。我首先请同学们补上对陈默同学的点评。一位学生举手："老师，他的演讲不成功，耽误了大家的时间。"我笑了笑，问道："有谁发现了他的成功之处？"……大家沉默。

我静静地说："陈默同学今天走上讲台了吗？""他是第几次上台？"

"第一次！"迟疑了片刻，台下突然掌声雷动！

"再有，陈默同学所做的观察研究很细致，为今天的演讲也准备了很长时间，他是极其认真地对待这次展示的，这也是他的成功之处啊！"

观察到低着头的陈默嘴角露出一丝笑意，便对着他说："你愿意接受下一次机会吗？"陈默点了点头后又坚毅地抬起了头。看得出，失败的懊丧溜掉了。

2013 年 12 月 7 日

上课铃响了，还没走到教室门口，就听见一阵哗哗的掌声。进门一看，哦！陈默已经站在讲台上了。"大家好！"他清楚地、大声地说："我今天演讲的题目是……"我看到陈默今天格外的冷静、沉着，语调中还带着几分激昂。当同学们报以热烈的掌声时，两颊红红的他，是那样的自豪！我感到由衷的高兴！更为这些天陪伴他反复试讲和默默支持他的同学们而欣慰。

在研究性学习展示活动中，往往是平素伶牙俐齿的学生表现突出，常常博得师生一片喝彩；而那些胆小寡言的学生则掌声寥寥，以至于灰溜溜地回到座位独自叹息。长此以往，展示活动成了口才好的学生的舞台，而拙于表达的学生，虽然前期研究做得很好，也会慢慢失去兴趣，退出这一活动舞台。

激励，再激励。让来自同伴和老师的激励给予他们信心和力量，帮助他们迈出战胜自我的一步，又一步。

支持岛⑥ 当你心灰意冷的时候，请来……

关于研究性学习的那些事儿
——一位青年教师的观察与思考

徐敛澜

"不和谐选题"

这周开始研究性学习，学生们都在忙着分组，高一的学生是第一次接触，看得出来没什么经验，一会儿跑过来问我这个题材行不行，一会儿问那个题材好不好。我说好好好，都很好，只要你们感兴趣，肯做，就都能出成果。学生说，老师你这是一开始才这么讲，要是我们选题不和谐，你肯定要我们重头做的。我被逗乐了，问他们，什么叫不和谐选题啊？学生抓抓头："比如说追星什么的……？"我问，那你喜欢什么明星啊？有个女孩搭腔："Super Junior，你不知道的。"（注：一个韩国男子组合，

有中国成员）

我说知道。他们大吃一惊。

又问是不是小组成员都喜欢这个组合，发现不是，有一两个学生露出明显的厌恶表情，还有几个表示没什么感觉。现在"哈韩"和"嫌韩"的人都不少，也很正常。

组长可能受了启发，提出可以把"追星对中学生的影响"作为研究课题。我说可以啊很好啊，现在我们就可以策划一份问卷。又有学生马上说，是要调查追星的坏处吧。这个很好做啊。其他同学跟着点头如捣蒜。

我觉得很奇怪，为什么什么都还没做基调就已经如此一致。发问以后，整理了一下，得到的答案竟然是"当然要说坏处啦，不然学校不高兴"。不禁感叹年纪小小思维定式却已经形成。我说，你们要是真心觉得追星都是坏处，想要这个基调我也没什么意见，不过要只是觉得这个论点是为了完成任务而讨好学校而定，就根本没有必要。追星带来的也不都是坏处，明星对工作这么努力，就很有感染力嘛。虽然我已经过了喜欢明星的年纪，不过还是能理解……大可不必如此。

能看得出来小孩们很惊奇，说"啊？那我们把追星写得很好也可以啊？！"

……这个也能成为一个问题？只要言之有理，没什么不可以的吧？

"讨好老师的结论"

有个高二的学生哒哒哒跑过来问，这学期能不能找我担任他们的指导教师，虽然我已经不教她们了。我说可以啊，你们定下选题没有？她说没有，说上学期做的是相关动漫的，这学期想试试别的，我问需要我给点方向吗，她说不用，其实挺多想做的，组员还是那些，大家很有默契。

我对她们上学期的成果表示有兴趣，于是她拿了当时的结题报告和PPT看。这一看看出问题来了，她们的结题报告措辞十分奇怪，不管前面说了多少他们对中国动漫的不满之处，结论却统一180度拐向"中国动漫还是能与日本动漫分庭抗礼的"这个论点上来，态度之不自然，让我好奇得百爪挠心，于是就直接问了这位小组长。那个小女孩不好意思地说，"啊，早知道会被你笑的"。其实她们的组员都认为中国动漫现阶段不如日本的，但导师不喜欢这个论点，为了讨好老师，她们就修改了结论。

看来之前那个小组担心上层施加压力扭曲她们观点的情况并不是子虚乌有。

这太匪夷所思了。导师无论有什么样的观点，都不应该限制学生的想法。我们可以进行引导，说"你可以看看这本书，这部片子，对比一下，会有帮助"，却一定不能说"不能有这个观点，不准做这个，不准做那个"。这种做法除了不尊重学生劳动外，还暴露了教师主观专断意识。只有让学生自由选题，真正结合了自己的兴趣所在，他们才能发挥出水平，甚至超常发挥。跟上学生的步伐，进而实事求是地表达我们的指导意见，往往会事半功倍。

"八股化"的开题报告

开题报告。有个研究古代建筑的小组很勤快，迅速交上了开题报告，我大喜。不管质量怎样，效率高总是好的。

开题报告容易出现的问题有文不对题，假大空和"百度"过量。文不对题是普遍的，像这个小组，明明报上来的题目是古代建筑，开题报告却围绕着七大建筑奇迹展开，虽然不能说离题，但古代建筑显然不仅仅等于七大建筑奇迹，这很不严谨。之前讨论选题的时候我也曾建议他们改范围小一点的题材，于是碰头时重申了一遍这个建议，被接受了，题目改为《七大建筑奇迹》，对上了。

另一个问题是假大空，高一学生尤甚。学生刚开始接触研究性学习，开题报告往往僵化得像八股文一样，明明是研究埃及题材的，开头却喊"建设祖国"之类口号的比比皆是。这个问题可以归结到学生对研究性学习这个活动的本质的不了解。学生不了解这是一个彰显他们兴趣和能动性的课程，还以完成任务的方式来理解这门课程，写报告做研究自然流于表面文章，不知所云。

还有过分利用网络资源的问题。通篇都是从网上摘抄的文字，我是看了就头痛。同学们，难道你们就没有一点自己的观点？抄网上的算怎么回事啊，还一眼就能看出来。好歹是自己选的课题，负责任的完成它啊！问题实在太严重的组我就会这么训他们。好在同学们都知错能改，只要你说的在理，他们也会听，这时候只要多多辅助跟进，情况就还算好。

问题很集中，说明限制学生发挥的也就是那几个点。

第一，一心想做好，好大喜功。学生往往觉得题目越大越有学问，中国画研究，我看敦煌之类，分分钟可以出书的那种题目，往往是他们第一个想到的。这时导师就要适当引导，找准切入点，避免铺得太大研究不完，挫伤同学积极性。

第二，八股。我其实最讨厌看学生写的作文了，大多假得要死，有时都能透过纸背见到他们抓耳挠腮拼命多填一个字的样子。喊口号，假大空，没有真情实感。为什么没有真情实感？因为他们对这个东西不感兴趣，只是为了完成你的任务，是做给老师学校看的，是为了拿学分，不是真正出自他们内心的东西。这有点像语文老师要思考的问题了，不过我还是认为，不限制学生的选题，多少对解决这个问题有所帮助。毕竟表达能力咱们可以再练，首先做的事情要是自己想做的才行。

第三，摘抄。现在学生确实学业压力大，周末回家多睡一会儿多玩一会儿，很能理解。于是会抽不出那么多时间去针对研究性学习看书，找资料。但助长摘抄的风气是不对的，发现要坚决制止。解决的办法，我认为只要给出固定时间，让学生们坐下来，开始主题讨论，做好每次的讨论笔记，就已经能出现很多成果了。我们对于结论的追求可以不必那么执着，有过程，能学到东西才是最重要的，这也需要一个观念的转变。

一门让人好好玩的课

对于研究性学习，其实我一开始也不知道它是个什么玩意，后来琢磨了一下，发现它不就是一个让学生好好玩的课程吗？9门课内容规定的死死的，有个让学生按照自己兴趣爱好选题、研究的课程，其实是件大好事啊。那为什么还有学生像完成任务一样，做得很痛苦呢？这是不应该的。

在这里导师的作用，首先在于激发学生对这门课程的兴趣，一旦他们对这门课程有爱，就跑得比谁都勤快、认真，也能学到东西。那么上面所说的这些问题发生的几率就小很多。

要让学生喜欢这个课程，导师首先不能把它当成负担。这个课程的开设，增加了很多可以跟学生一对一交流的机会，一旦真诚地面对他们，他们就会感受到这一点，然后以同样甚至更多的真诚来回馈你。这点对师生关系的建立巩固也大有裨益。

当然，导师的书面文件过多有时也限制了指导的热情。本来可以指导三组的，每组一堆资料要填，精力自然有限，质量和热情也会下降。在我看来，导师只要跟进好每次碰头会的总结，安排好进度，指导最后的结题和PPT制作就可以了，总结性文件可适量减少。学生们只要想做，就有能力做好自己分内的事。而教师只要扎实做好基础指导，强调平时的成效，一切结题时自然可以见分晓。

人仰马翻做结题

终于到了结题时间段，这也是我最痛苦的时间段。因为平时人缘太好，手头已经有了四五个组，这两天还陆续有组跑过来找我。什么情况呢？他们没导师了。

这些小组多是开题和研究都没好好做，结题时候才慌了神的马大哈们。一个两个跑过来可怜兮兮地求情"老师我只有你啦！""我们错了！""第一次做，都不知道是怎么回事"之类，让人又好气又好笑。总之碰上这样的要把他们先训一顿。

训完了，他们老实了，再看他们的选题给予指导。这些小组往往摘抄的情况比较严重，做导师可能要辛苦点，多上网查阅，把不良风气扼杀在摇篮里，不论质量如何，争取先保证诚信。这时已经快到期末，学生的课业也紧张，所以我会建议他们不针对课题做全面的研究，而转为撰写自己对本课题的心得感想，有什么写什么，不必在意严谨与否，也不必掉什么书袋。这样的好处是句句真话，处处真情，可能有言不达意之处，但学生能难得的一书胸臆，也算有所收获。

无可避免的也有令人失望的小组。最近有个小女孩来找我看PPT，全篇摘抄，我看了很失望，对她说这样恐怕不行，自己的东西太少，你觉得这样有意义吗？小女孩说，可是我马上就要交了，明天就要讲了。我看她的样子，全无修改之意，也不能再说什么了，只好交给她一些表达的技巧，又说，PPT文字太多，不利于上台演讲，有提纲就行了，剩下的腹稿解决。小女孩说，那我只读黑字部分行不行。我说，读？读字没前途的，你先把这些内容看一遍，上台根据腹稿临场发挥就很好了。小女孩还在强调读字，又说，不改PPT行不行，马上要交了，没时间。

我叹了口气。

弄得学生这么痛苦没热情应付了事，何必呢。

放她走了。

一开始抓紧就不会有这种事了。开题阶段明确导师是很重要的。

做完报告，小女孩眼泪汪汪被我撞见，果不其然没讲好。我摸摸她的头，什么也没说。"下次会做好的。"小女孩一边擦眼泪一边说。

从开题阶段注意培养良好的风气十分重要。

结题组织的再思考

班级结题报告时间。这个时候痛苦值达到顶峰。因为带了太多组，遍布两个年级各个班，各班又在同一时间举行报告会，分身乏术根本没法出席。高二一个班的团支书一来二去跟我很熟，强力邀请我去听他们班的报告，于是去了，同学们做得不错，思维活跃，也有几组成果很突出的，比较欣慰。最后受邀进行点评，我都以鼓励为主。就是打分的时候挺为难，没听其他小组的报告也挺遗憾的，不过没办法。后来一打听，很多身兼几组的老师在最后的结题报告都会遇上同样的问题，没法听齐所有的组别，但导师要写的书面材料上还必须要填有关结题报告会的总结，万般无奈之下只能瞎编。

而同学们准备了一学期的东西很得意地拿出来展示，下面一个导师观众也没有，也很令人唏嘘。所以我想，要是结题报告的时候每班后面摆几张空凳子，把门敞开，能让导师们听推门课就最好了。不拘泥于这个老师有没有带这个班上的组，只要老师愿意，同学欢迎，就都可以坐下来评分。甚至，在班级选拔的阶段，都可以直接取消导师评分的部分，完全交给学生来评。学生到了这个阶段，鉴别能力早就有了，不少学生思想还很成熟，判断孰优孰劣驾轻就熟。研究性学习本来就是以学生为主题而开展的，为什么不能以学生为主体评价呢？

秉持着学生为本的原则，很多活动组织上的问题可以迎刃而解。

多设些奖项会怎样

有个学生来说："根本没想拿奖，做完就很好啦。"其实那个小组做得挺不错的。我问为什么这么没信心，他说一是他们选题不讨老师喜欢（看来这个因素很致命），一是比起最厉害的组还是差了点，奖就那么几个，又是分类别评的，同类别刚好遇上强组，所以希望不大。我说你们组也有自己的优点嘛，起码在PPT上你敢认第二没人敢认第一。他短促地笑了一下，抓抓头，说，那也没用啊，不看这些的。

既然有这些在特定方向成果卓越的小组，为什么不能增加各种奖项呢？但凡经过了班级审核，被送到校级比赛的研究性学习，质量都不会差，所以加大获奖比例也无妨，反而能激励多一批人，何乐而不为？

奖项设置除了一等奖、二等奖、三等奖，我觉得还可以增加最佳表述奖、最佳PPT制作奖、最具创意奖、最有钻研精神奖、成果卓越奖、全场大奖、最受欢迎奖等等。当然这需要一个公平合理的评选机构和评选方法来进行保障。研究性学习本身应该是充满欢乐的，在结束时从多个视角肯定表彰更多学生，让同学们各展所长更有利于研究性学习的开展。

谁来做评委

全校的结题报告会上，老师评委太多了些。评出来的一二等奖众望所归，但三等奖的竞争有点微妙，有学生悄悄嘟起嘴跟我申冤，说不公平。老师跟学生的眼光确实有差异，这点没错，可能有些老师评委认为严肃的，学生觉得官腔虚伪。作为一个彰显学生能动性的课程来说，最后阶段的评比教师掌握的权力过大，可以适当分出一些。

只有学生才能代表学生。所以在评选机构里增加学生的百分比是很有必要的。学生构成也不应该一味只选学生会、团委的干部和一些成绩好的，而应该适量增加后进生、中等生的比例。话虽如此，僵硬的百分比抽取也显然不可取，顺其自然的抓阄最好。

每个班若干个名额，除了要参与讲演和校级大会工作的，大家机会均等参与抽签，抽中者即为评委。不但轻松简便，还能增加学生的参与意识。

至于教师评委，若其中有导师，则一定做到不偏私，如此便是公正了。学校是全体学生的学校，注意不同层面学生的参与，特别是后进生、弱势群体的参与，能够更有效地提升学校精神面貌。

新学期的研究性学习又要开始，在班里提起的时候，各班反映都不同。有班级跃跃欲试，有班级嫌麻烦齐声叹气，很明显就是上学期没开展好的缘故，小小鼓励了一下。

可见在研究性学习的路上很多值得思考之处，研究方式方法，探索课程模式都是我们可以深入去做的，上面都是平日里无端升起的想法，不成系统，抛砖引玉，若能带来一丝裨益，我也会感到快慰。

附录二：在真实的研究案例面前

援助站①

当你茫然无措的时候，请来……

自来水的异味是怎么来的

徐可　周特斯　罗俊金　林少光　彭远洋　吕日清　赖翔龙

指导老师：王大全

主导学科：化学

适用年级：高一或高二

一、课题的提出

　　那天的化学课是在实验室上的，学的内容是"氯气"。快下课了，同学们仍觉得鼻孔里有"余氯袅袅"的感觉，都巴不得早点逃出课室，到外面去呼吸新鲜空气。这时，徐可同学举手提了一个问题："老师，为什么自来水有时会发出一股刺鼻的异味？"不等老师开腔，旁边的罗俊金同学就抢先回答："那是因为自来水都是用氯气消毒的，你闻到的异味就是氯气的气味，刚刚学过的，怎么又忘了？"罗俊金学老师训人的样子很滑稽，惹得同学们都笑了起来。徐可急了，面红耳赤地分辩道："不，那股气味跟氯气是不同的，比氯气还难闻呢！"眼看一场舌战就要爆发，没等罗俊金发起"反击"，老师说话了："你们不要争了，其实两位同学说的都有一定道理。平时我们闻到的自来水的气味确实主要是由氯气发出的，但是偶尔也似乎有另外一种气味盖过氯气，这在某些城市或某些季节显得尤为突出。徐可同学提出这个问题，说明他能够细心观察和思考发生在身边的一些现象，这一点是值得肯定的。不过这个问题我了解得也不是很详尽，我建议感兴趣的同学

你"遭遇"过自来水的臭味吗？

组成一个研究小组，自己去寻找答案，好不好?""好!"课室里响起一片热烈的掌声，仿佛把刚才令人厌恶的氯气都赶走了。

二、研究目的

通过亲自参与研究过程，寻找答案，得出结论，体验研究与发现的乐趣，体现自己的价值。

三、研究内容

1. 自来水中不同于氯气的气味究竟是由何种物质发出的?
2. 这种物质是怎么来的?
3. 这种物质对人体是否有害?
4. 如果有害，应该怎样消除?

四、研究过程

1. 研究方案的确定。

出于一种模仿化学家们进行科学实验的欲望，我们最先想到的办法是，亲自动手操作，在实验室里进行一些"神奇"的、令人兴奋的实验，就能得到答案，但由于学校的实验条件以及我们所掌握的理论知识和实验技术的有限，只好放弃这种方法。经过大家的讨论和指导老师的建议，我们制订了如下方案，姑且称为"上、中、下"三策：上策，到区自来水厂找有关的专家咨询，直接获得答案；中策，到区环境监测站访问，借助该站的仪器设备和技术力量做一次自来水成分的鉴定，找出其中的"罪魁祸首"；下策，进行文献研究，到图书馆查阅有关的文献资料或者上网查找有关信息，最后得出结论。

想好了再行动。

2. 研究活动的实施。

按照预定的方案，我们首先来到区自来水厂，自来水厂的刘工程师给我们做了以下解答：自来水是将水源地（水库）的水引进之后，经过沉淀、过滤、消毒、净化等基本工艺流程而进入千家万户的。同学们所提的问题是出现在"消毒"这个环节上，具体地说，是自来水经过氯化消毒产生了"二次污染"（注：二次污染是指排入环境中的一次污染物在物理、化学因素或微生物作用下发生变化

踏上寻"臭"之路。

所产生的新的污染）。由于刘工程师急着要出门办事，所以没有作更深入的解释。不过他临走时说，本厂已采用新的消毒措施，同学们所说的那股异味将不再出现。

经过氯化消毒之后，自来水中会产生哪些有害物质呢？带着这个问题，我们又来到区环境监测站，监测站的李工程师说，本站承接各种地面水及工业废水样品的分析与检测，一般不做自来水的测试。不过，李工程师热情地邀请我们参观了各种水质测试仪器，介绍了主要监测项目及其基本原理，并做了一些生动的演示，意外收获带来的惊喜弥补了我们的失望。

此次外出访问，虽然没有得到最后的答案，但毕竟找到了一条重要的线索：自来水的异味是由于氯化消毒而引起的。根据这条线索，我们到图书馆查阅了《环境科学》等杂志上的一些相关文章。另外，上网查找的同学传来好消息，他们利用"搜狐"网站的搜索引擎，找到了一个名为"中国水星"的网站，里面有大量关于自来水消毒的信息。更为可喜的是，指导老师向我们推荐了《化学教学》杂志上的一篇文章，内容与我们研究的问题几乎是一致的。

经过大家的努力，我们已收集到比较准确和翔实的资料，然后仔细阅读，根据需要，进行摘录、概括、分析、归纳等。

以上工作完成以后，我们向指导老师作了一次情况汇报，老师对我们的工作很满意，建议我们根据本次活动，写一篇专题研究报告。经过大家的商议，由徐可同学执笔，老师修改，完成了一篇小论文，题为《自来水的二次污染及其防治》，此文被选入学校的研究性学习成果展览中，获得校内外人士的好评。

五、研究结果及分析

1. 自来水氯化消毒后产生的有害物质及其对人体健康的影响。

各种氯化剂投入水中以后，不仅可以杀灭细菌、消除无机臭物，同时也可以与水中的许多其他物质发生反应，产生大量被氯化的有机物，其中相当一部分对人体是有害的。

> 山重水复疑无路。

> 柳暗花明又一村。

> 罪魁祸首原来是它！

实验证明，氯能与水中的酚类化合物反应生成单氯酚、二氯酚或三氯酚。自来水用户在打开水龙头时，往往会闻到一股令人厌恶的药味和异味，就是由这些物质发出的（据研究，异味主要是由2，6—二氯酚产生的）。因此，天然水体中容许最大含酚量浓度规定为0.001毫克/升。

更为有害的是，次氯酸可与源水中所含的某些有机物（如酮、醛、叶绿素、间苯二胺、腐殖酸、氢醌、吲哚、间苯二酚等）作用而生成三氯甲烷类物质，人体摄入这类物质后，可能发生癌变、畸胎和突变。研究结果证明，腐殖酸是一类重要的致突变前体物，其中含量最多、危害最大的是间苯二酚型的二羟基芳香环，其间位的2个羟基为氯仿生成的活性点，它很容易生成三氯甲烷。腐殖酸的含量与水的致突变的活性呈正相关（见下表）。

危害不止是"臭"。

腐殖酸氯化后形成的三氯甲烷和致突变率

腐殖酸（mg/L）	0.2	0.5	1.0	对照
三氯甲烷（ppb）	8.5	18.0	30.5	未检出
突变率	1.00	1.82	2.30	0.95

2. 自来水二次污染的防治措施。

（1）减少一次污染，优化自来水源水的水质。

在自来水的氯化消毒过程中，产生各种二次污染物的主要原因是自来水厂源水的水体污染日益严重，源水中一次污染物的种类和含量不断增多。腐殖酸作为主要的致突变前体物，就是由排入水中的植物营养物质（氮或磷的化合物）导致水体富营养化而产生的。所以，保护水源、改善水源水质是解决自来水二次污染问题的根本途径。

治标不如治本。

（2）做好氯化前的水处理。

科学地选择能有效消除水中腐殖酸等三氯甲烷的母体物质的吸附剂，可使自来水中形成三氯甲烷的可能性得到控制。通过氧化或吸附的方法除去三氯甲烷类物质的前体物，降低氯与这些物质的反应势，从而降低水中三氯甲烷的含量。

处理得当，也可免"臭"。

（3）采用替代消毒剂。

采用替代消毒剂，主要是防止自来水中三氯甲烷的生成，同时提高处理效率。主要的代用品有臭氧和二氧化氯等。

　　臭氧是一种强氧化剂和高效消毒剂，其消毒原理与氯相似，不但氧化破坏细胞酶的能力强，而且扩散透入细胞壁的速度快，所以，其消毒作用时间短，在0.1毫克/升的浓度下，5秒钟可杀死一般水样中全部的大肠杆菌。而在同样条件下，氯需4个小时才能达到此效果。美国环保局供水处通过实验表明，在臭氧投量小于5毫克/升的情况下，不会产生三氯甲烷类物质。

　　二氧化氯也是一种有效的消毒剂，其杀菌能力为氯的三倍，而且不会与天然有机物形成三氯甲烷。二氧化氯的另一个优点是能有效地破坏酚类化合物，从而避免了传统氯化法中因生成氯酚而产生的难闻的气味。

　　最近，福州推出现代紫外—C消毒技术，这一技术是利用紫外线破坏水体中各种病毒、细菌以及其他致病体中的DNA结构，使其无法自身繁殖，除去水中致病体。与氯化法、臭氧消毒等传统方法相比，它具有下列独特的优点：不加任何化学药品，不会对水体、生物以及环境产生副作用及二次污染；高效杀灭各种病毒和细菌，杀灭时间1秒钟左右；极好的杀菌广谱性，几乎对所有病毒、细菌以及其他致病体均有效；对昼夜24小时连续大水量消毒特别有效。据介绍，紫外—C消毒技术可广泛应用于污水处理、饮用水消毒、水产养殖、游泳池消毒以及医院、餐饮业等，是目前世界上消毒效率最高，应用领域最广，运行成本最低的高科技水消毒产品。

> 消毒方法不断更新，"氯"是否可以退出历史舞台？

六、收获体会

　　1. 达到了我们最初的目的：知道了自来水的异味是怎么来的；同时也了解了自来水生产的基本过程，以及自来水消毒的各种方法及其原理。

　　2. 学会了更多更深的化学和生物知识，觉得自己主动探索所获得的知识比老师直接讲解所得到的知识印象要深刻得多。

　　3. 提高了我们的学习兴趣，激发了我们进一步研究的欲望。

　　4. 锻炼了与人合作和交往的能力。比如通过外出访问专家，学会了一些访谈技巧；小组成员之间如何沟通、

> 研究的虽是"臭味"，收获的却是"芳香"。

理解等。

5. 学会了怎样从多种渠道查找资料，特别是怎样上网搜索信息，一开始我们从各大网站的分栏目中去找，花了很多时间，却很少能看到我们想看到的东西，我们还采用在搜索引擎中输入关键词的方法，也不得要领，最后还是输入"自来水消毒"这一词组，才发现了大量相关的网站和网页。看来"关键词"确实很关键，得贴切概括查找内容才行。

6. 学会了怎样分析、处理和利用资料。比如怎样做摘录、提要，怎样综合、概括这些摘录和提要，撰写研究报告等。

7. 通过本次研究，认识到"二次污染"的根源在于"一次污染"，唤醒了我们的环保意识。

七、教师指导要点

1. 研究方案的修正。

鉴于学校的实验条件与学生所掌握的理论知识和实验技术的限制，建议不采用实验研究法，而选用调查研究和文献研究的方法。

2. 研究过程的监控。

认真审批课题小组的活动计划表和活动报告表，提出建设性意见。比如资料的来源与查找方向、与校外人士打交道应注意的事项、外出活动的人员分工和交通方式等，以提高研究效率，保证活动安全。

3. 研究报告的修改。

首先检查报告的内容有无科学性错误，其次对行文的条理性和逻辑性也提出适当的建议。

多谢老师"支招"！

七嘴八舌

A：这个课题很有意义，但里面好多物质和化学反应原理我们都没学过，看不懂啊！

B：既然有了更好的替代消毒剂，为什么还要用氯作消毒剂啊？是不是用氯作消毒剂还是有一定的优点呢？

C：氯化消毒原理是用化学方程式来表示的，如果加点文字说明就更好了。

你要是感兴趣，可以进一步学习和研究。

D：在结果分析中应该多用化学方程式，这样有助于我们科学、准确地理解。

E：研究活动的实施过程有些说得很详细，有些太粗略，其实，分成几个步骤用总结性的语言就可以清楚地表达了。

F：在整个研究过程中，不知道他们是如何分工的？

G：把访谈过程记录下来就好了！

H：在研究过程中肯定会遇到好多困难，遇到这些困难时，他们是怎样解决的呢？报告中没有说明。

I：既然很难通过实验分析原因，还不如直接去找资料，用得着去找自来水厂和环境监测站吗？

J：……

说明问题既要通俗易懂，又要科学规范。

探究的途径有很多种，殊途同归嘛！

教师评析

1. 由问题到课题，水到渠成：学生一次看似偶然的提问，为本次研究性学习的开展提供了绝好的契机。

2. 课题具有重要的现实意义和社会价值：学生们以日常生活中的一个细节问题为线索，通过调查研究和文献研究，得出"自来水的二次污染危害人体健康，而二次污染的根源在于一次污染"的结论。

3. 过程与方法、情感态度与价值观的发展难能可贵：自来水是由地面水经过一系列加工处理措施而生产出来的城市生活用水，自来水中发出异味的物质是由相关研究人员经过长期探索、多次实验而发现的。以中学生所掌握的知识和技能，是不可能完全通过实验探究的方式得出结论的。但是，实验毕竟是科学研究的基本方法，本课题虽然很难让学生进行实验操作，但可以让学生进行实验方案的初步设计，在实验方案的设计和修改过程中可以训练学生的科学思维。比如，可通过以下的逻辑推理来排查原因，缩小范围：

（1）将有异味的自来水与其源水比较，看源水有无类似的异味？

（2）如果源水无此异味，则问题必出在自来水加工的环节上。

（3）自来水的一般加工程序是：沉淀——过滤——消毒，前两步是物理过程，不可能产生新的物质，只有第三步需外加药剂（消毒剂），消毒剂有可能与源水中的某些物质发生化学反应而产生有异味的物质。

（4）常用的消毒剂是单质氯及次氯酸盐，它们可与源水中的哪些物质发生化学反应呢？

（5）由无污染的源水加工而成的自来水是没有异味的，因此异味物质必定是消毒剂与污染物反应而生成的。

（6）源水的污染物成分非常复杂，大致可分为无机污染物、有机污染物、耗氧物质和植物营养物质等几类，那么究竟是何种污染物与消毒剂反应而生成了有异味的物质呢？

……

至此，学生已无法往下推理，甚至可能早已偏离了方向，离正确的结论越来越远，但其思考问题的过程本身就是研究的过程，在得知正确结论后对自己推理过程的反思和批判更有助于培养学生严谨的科学态度。

援助站②

当你茫然无措的时候，请来……

宝安（新安街）花卉市场调查

郭晓文　罗咏红　吴华珍　李雯　杨硕　余叶娜　曾丽婷

指导老师：李吉雄

相关学科：地理、生物、政治

适用年级：中学各年级

一、课题提出的背景

随着经济的发展，人们生活质量的提高，美化家居环境渐成风尚，奇花异卉已逐渐走进万户千家。花卉已成为普通百姓家庭生活中不可缺少的一项商品。

二、调查目的

了解我区花卉业的发展状况和影响我区花卉业发展的诸多因素。通过调查我区花卉业发展状况和影响我区花卉业发展的因素，了解社会动态，感受农业作为我国重要产业在经济建设中的重大作用。同时也为了开阔自身视野，培养自身社会实践和分析问题的能力，锻炼并发掘自己的创新思维，为我区花卉业的发展提供合理性建议。

你卖过花吗？如何成为一名会赚钱的"卖花姑娘"呢？

三、调查范围与对象

宝安新城部分花木场、花店、花贩、企业、大酒店、学校、学生、家庭、路人等等。

四、调查方式与情况

1. 实地调查访问。

（1）采访花木场、花店、市场小贩及调查路边植物（曾丽婷、罗咏红、吴华珍）。

①调查访问花木场、花店。

● 品种数量：10～40种。主要品种有银边铁、君子兰、马蹄莲、蝴蝶兰、金钱树、发财树、玫瑰、鲜花、干花等等；进口花卉品种有吊兰（法）、大惠兰（韩）、金钱树（荷）、郁金香（荷）。

● 主要来源：私人花木场、昆明（自运或转运）、广州（中转）。

大生意，小买卖，各有一本经。

● 销量较好的品种：金钱树、君子兰、"一帆风顺"、玫瑰、鲜花等等。

● 主要销售对象：酒家、公司、家庭、个人。

● 销售价格：较高的可达上千元一盆，便宜的一朵十几元或十元以下。

● 销售热季与花卉品种：销售热季如情人节，花卉品种如玫瑰、郁金香。

● 发展倾向：品种多样化、拓展国内市场。

②调查访问市场小贩。

● 品种数量：5～10种。主要品种有康乃馨、玫瑰、百合、满天星、向日葵、雏菊、勿忘我等等。

● 主要来源：广州（中转）、自己的花园。

● 较好销量：鲜花。

● 销售对象：个人。

● 销售价格：较花店便宜。

③路边植物调查。

主要品种有大王椰、米兰花、美人蕉、木棉树等等。

（2）调查花卉消费市场（包括网上调查）（余叶娜、李雯）。

①各大企业、酒店（问卷调查）。

● 买花还是租花？租花（部分或全部花卉），也有买花。

● 货源地点？本地花店、花木场、花木公司、国内花市。

● 引入品种及数目？绿萝、万年青等；五六十盆或上百盆。

● 引入花卉的出发点？环保、绿化、装饰。

● （租花）换花周期？每月换或有重大活动才换。

②学生、家庭、路人（问卷调查）。

● 你或你们家有买花或种花吗？

> 今天，你买花了吗？

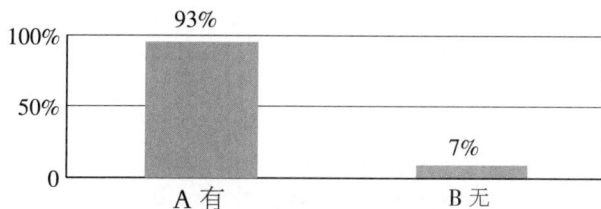

● 你们家的花卉从何而来？

> 大客户，小顾客，各有所好。

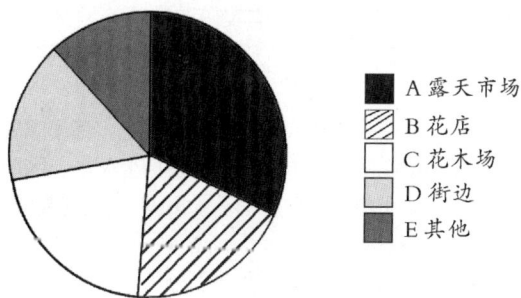

A 露天市场
B 花店
C 花木场
D 街边
E 其他

● 你买过哪些花卉品种？

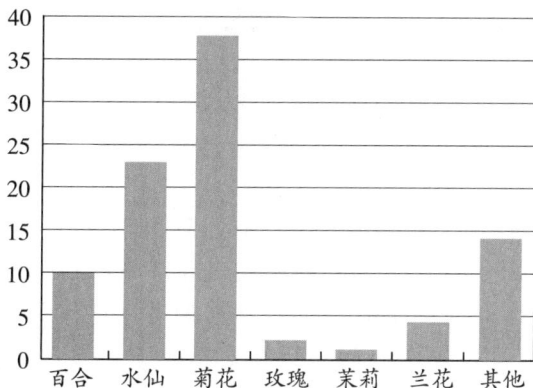

百合　水仙　菊花　玫瑰　茉莉　兰花　其他

● 你们买花或种花的目的是什么？送人、装饰、环保、兴趣、打发时间、洗尘等。

2. 网上资料查阅（杨硕、余叶娜）。

花木市场新趋势

随着人民生活水平的提高，近年来，花卉大踏步进入普通老百姓家。同时，人们对花卉的品种、数量、质量、档次的要求也越来越高，由此，花木市场出现新趋势，表现出以下一些特点：

● **由小苗转向大苗**。大规格的花木如茶花、龙柏、雪松、巴西木、铁树、棕竹等比较好销。同样品种的小苗价格较往年有所下降，销量也有所减少。主要原因是小苗绿化、美化效果不佳，养护较难，所以人们宁愿多花几十元、一百多元钱买大苗，也不愿买小苗慢慢培植。

● **由室外栽植转向室内栽培**。一些适合室内栽培的常绿植物及耐阴、耐旱、易管理的花木，如君子兰、含笑、苏铁、绿梦、仙人掌、夜来香、杜鹃等颇受人们青睐，一些店铺和机关单位也喜欢选购这类花木，以点缀和美化环境。

● **由低档转向高档产品**。虽然从总体上看，目前大多数花木产品供过于求，但中高档的花木仍较为走俏。如七星茶花、比利时杜鹃、素心腊梅、桂花等。还有造型优美的观音师、龟背竹、万年青等盆景花木受到顾客的青睐，常年都比较好销。而在切花中，如丰花月季、超级玫瑰等一些新品种也很受人们欢迎。

● **鲜切花以组合形式销路好**。单一购买一种鲜花的顾客大大减少（除情人节买玫瑰外），许多花店都迎合人们的这种需求，专门为顾客组合配花。

● **由买花到租花**。由于许多单位无专门的花工管花，许多家庭也缺乏花木养护知识，常常造成买回的花木不久就枯萎甚至死亡，因此都盼望各花木店开展租花业务，宁愿费用高点也乐于接受，以求得四季鲜花常开。

● **花盆走向高档化、多样化**。盆花是花木市场销量最大的，过去装盆常用土盆，现在人们要求较为精致的陶瓷盆，且盆四周的装饰图案也成为消费者选择的内容之一。

五、结果分析与结论

1. 我区发展花卉业的优势。

（1）自然条件。

宝安地处东经113°52′，北纬22°35′，全区面积733平方公里，海岸线长30.62公里，是未来现代化经济中心城市——深圳的工业基地和西部中心。地处亚热带海洋气候区，平均气温22摄氏度，夏季时间长，阳光和雨量充沛，

> 宝安，完全有条件成为"花都"。

年降水量1926毫米，适宜花卉中鲜切花及各类植物生长。

（2）市场条件。

①销售渠道：花木公司、鲜花店、花贩各有优势，基本已形成辐射全区的网点，加上近年来一些大超市、连锁店也涉足花卉，销售渠道应该说是非常畅通的。

②交通条件：宝安地处深圳经济特区，毗邻港澳，面向东南亚，有良好的交通条件。高速公路、铁路、港口、机场等超前的基础设施为深圳成为物流中心创造了条件，有利于深圳花卉与全国及全球各地市场的交流。

③市民需求：随着经济的迅速发展，我区市民的可支配收入日益增长，市民在衣食住行等基本生活需求满足之余，在文化、休闲、娱乐等方面的需求也日益增长，市民消费花卉的能力也在逐年增长。

2. 我区发展花卉业的不足。

（1）缺乏规模经营。

花卉从业者多年来一直处于散兵游勇状态，各自为战，分散经营，没有形成一个大的批发市场，大家分头到外地进货，提高了经营成本，使本地花价居高不下，从而制约了市场需求。

（2）缺少有竞争力的大型花卉培育生产基地。

我区目前缺少有竞争力的大型花卉培育生产基地，没有上档次的特色产品，基本靠从外地调货。本地的花场规模小，品种少，很难形成产业化。随着市场的人气逐步旺起来，我区花木场以及其他园林公司，都有不少土地用于种植花木，但用于城市绿化的品种多，用于家庭装饰的鲜花少，人们买的花大部分还是从广州、昆明运回来的。

3. 建议。

（1）扩大规模，降低成本，提高竞争力。

我区还有不少土地没有利用，可以用来发展花卉业。市农业局有关专家介绍，从单一产值看，深圳的花卉业产值并不高，但花卉业的增长速度特别快，近几年的实际产值基本上保持了两位数的增长速度。现在的问题是如何把那些散兵游勇组织成集团军，协同作战，扩大规模，降低成本，提高竞争力。近年来，深圳出现了批发花卉的骨干企业，出现了几个面积较大的花卉种植区或种植带，同时出现了福田农批市场花卉中心、市农科中心花卉世界等花

遗憾的是……

请看我们的"卖花经"。

卉批发市场和数百个遍布全市的花卉专卖店，各种迹象表明，花卉业已成为农业经济和市民生活中的一个亮点。走规模化道路是深圳花卉业发展的必由之路。

（2）改良栽培技术，提高科技含量。

业内人士认为，无土栽培将是花卉种植的发展方向。我区的无土栽培技术也已经相当成熟，且目前已有少量无土栽培花卉进入批发市场，为什么我们不朝这个方向大力发展花卉业呢？

（3）发展绿色农业，走出口创汇之路。

深圳花卉业的最终发展方向是走出口创汇之路，我们可以充分利用我区现有的有利条件，政府有关部门在这方面作出过努力。目前最重要的是在批发商与花店及消费者之间架起一座桥梁，让从业者赚钱，让消费者受益，编大宝安的"花篮子"。这并非一日之功，但只要政府扶持，各方支持，花卉商积极努力，这项事业必然是绚丽多彩、前途无限的。

六、收获与体会

1. 本次调查，基本上达到了调查目的，同学们增进了对社会、生活的理解，学会了市场调查与研究的一般方法。

2. 在调查过程中，我们也遇到不少困难：

（1）刚开始时，由于没有介绍信，被访者怕泄露商业机密而拒绝采访，使得调查多次陷入僵局。

（2）上网查阅有关资料时，发现我区信息网络不仅在这方面欠缺，其他方面也比较落后。网上花店很多，却没有宝安的。

（3）关于这方面的书籍很多，却很少有涉及宝安花卉业的，从而导致我们不能直接获得第二手材料——宝安区适宜生长的花卉品种以及相关的图片。

3. 存在不足：

（1）部分预定调查目标没有完成，如没有实地测量并统计本区花卉业占地面积和我区绿化面积，没有深入调查本区用于绿化的主要花卉品种，由于我区大型专业化高水准花木场太远而没有去实地考察，整个调查不够深入，抽样对象代表性不够突出，涉及范围偏小。

（2）调查报告的撰写科学性还不够强，对实际的指导意义还有待提高。

七嘴八舌

A：很多花卉我们都不知道名字，要查找相关资料肯定难度不少。这得先掌握有关花卉的知识才行啊！

B：他们设计的问题，数据的统计分析都做得很好，是不是老师的提示起了作用？

C：在提出的建议中，有没有老师的建议？全都是学生自己想出来的吗？如果是我们来做这个课题，我们能不能想出这么多好的建议？

D：在调查中被别人拒绝时，不知道他们是怎么处理的。

E：在被采访的对象中，肯定有拒绝采访的，当他们拿出了一些证明证实采访对经营者并无利益上的伤害时，这些经营者会再次拒绝吗？

F：这种社会调查活动，并不影响商家经营，为什么他们还怕泄漏商业秘密？看来社会上的人对我们学生多虑了。

G：不知他们会不会把他们的建议告诉经营者，从而为经营者提供一些商业信息？

H：开展这种社会调查活动对自己的学习有多大帮助？家长会支持吗？

I：……

天道酬勤！

捧出一颗诚恳的心，鼓动三寸不烂之舌。

用我们的进步，解除家长的疑惑。

教师评析

1. 研究态度热情、踏实：该课题组成员具有很强的实践能力，对鲜花的生产者、经营者、消费者以及鲜花的品种、价格、来源等进行了多角度、多层面的调查，收集了大量第一手资料。

2. 研究方法合理、高效：设计调查方案时，注意针对经营者和消费者双方，并且根据对象特点采用不同的调查途径，较好地发挥了实地访谈和问卷调查方法的作用。

3. 善于整理与分析资料：对调查取得的事实和数据，能用不同的图表进行统计分析，使我们更加清晰地对调查对象有深刻的印象。能够明确地指出研究中的不足和缺憾，形成一个较为完整的研究报告。

③

当你茫然无措的时候，请来……

关于固体废弃物及其回收处理的研究

龚天民　吴莉莉　李庭芬　林建聪　陈佩锋

冯江平　周梅发　杨金鸿　陈妙霞　陈东泰

指导老师：郭金文

主导学科：化学

适用年级：高中各年级

一、课题提出的背景

固体废弃物是造成环境污染的主要污染物之一。据深圳市人居环境委员会的统计，2016 年全市共收集处理生活垃圾 572.28 万吨，平均每天产生 15636 吨，而且，随着人口的增加和城市发展，固体废弃物的产量逐年递增。我们刚刚学习了环境保护的知识，带着了解固体废弃物主要种类及其回收价值的问题进行这次的调查研究。

今天，你产生了多少"垃圾"？

二、研究目的

1. 调查研究本地区固体废弃物的主要种类和回收价值。

2. 加深对所学知识的理解，对生产、生活中的环境污染和环境保护的认识。

3. 了解实现废物处理、回收的环保和经济价值。

4. 培养获取信息、整理信息和社会交往的能力，初步掌握调查研究的方法。

5. 努力为环保献计献策，建造美好的家园。

研究垃圾，也是一门学问。

三、研究计划

1. 通过查阅有关资料，了解固体废弃物的主要种类、产生量及其来源。

先决定怎么做。

2. 通过实地的调查，参观、了解、访问垃圾收购站有关固体废弃物的主要种类及其处理方式和回收价值。

3. 分析、比较、归纳、总结本地区主要固体废弃物的种类及其回收利用情况。

四、研究过程

1. 了解固体废弃物的来源。

经过查阅有关固体废弃物的资料，并联系社会的实际情况，得知固体废弃物主要来源于三方面：一是建筑废弃物和工业固体废物。工厂在生产过程中，将一些废弃物未经处理就放置出来，比如不合格的零件、产品，损坏了的半成品等，这部分占固体废弃物来源的50％左右；二是人们日常的生活垃圾。这部分垃圾产生量占固体废弃物来源的45％左右；三是非人为产生的固体废弃物，如落叶、未被利用的砂石等。

2. 了解固体废弃物的主要类别和处理方式。

（1）经上网查阅，了解到现代的固体废弃物的主要分类如下表：

固体废弃物的主要分类表

分类	类别	主要构成
按产生场所	家庭垃圾	食物残渣、煤灰、破布、废纸、塑料、皮革等
	市场垃圾	残余蔬菜、包装材料、厂地废弃物等
	机关企业垃圾	与家庭垃圾相似，但纸类最多
	街道清扫垃圾	泥沙、尘土、树叶、行人抛弃物等
	医院垃圾	包扎材料、部分家庭垃圾、化验室产物等
	建筑垃圾	废建筑材料、玻璃、砖瓦等

（续上表）

分类	类别	主要构成
按燃烧难易	可燃垃圾	竹、木、塑料、破布、纸、皮革等
	难燃垃圾	含水量大的固体废弃物
	不可燃垃圾	金属、砂石、玻璃、砖瓦等
按化学成分	有机垃圾	同可燃垃圾
	无机垃圾	同不可燃垃圾
按密度大小	重垃圾	玻璃、砖瓦、沙土等
	轻垃圾	废纸、塑料、干草等
按热值高低	高热值垃圾	热值>4200KJ/kg
	低热值垃圾	热值<4200KJ/kg
按废物大小	普通垃圾	日常生活垃圾
	大件垃圾	废弃的摩托车、电视机、冰箱、洗衣机等
按是否有毒	无毒垃圾	没毒或毒性很小的生活垃圾
	有毒垃圾	含重金属（如铅、汞）废弃物及医院垃圾等

垃圾要分类。

（2）城市生活垃圾主要处理方式：

城市生活垃圾主要采用卫生填埋、焚烧和堆肥等处理方式。

比较这三种处理方式，如下表所示：

城市生活垃圾主要处理方式表

内容	卫生填埋	焚烧	堆肥
操作安全性	好	较好，注意防火	好
技术可靠性	可靠	可靠	可靠，国内有相当经验
占地	大	小	中等

处理各不同。

（续上表）

内容	卫生填埋	焚烧	堆肥
选址	较困难，要考虑地形、地质、水文（防地表水、地下水污染）等条件，一般远离市区，运输距离较远	易，可靠近郊区建设，运动距离远	较易，仅需避开居民密集区，气味影响半径小于200m，运输距离适中
适用条件	无机物＞60%，含水量＜36%，密度＞0.5%	垃圾低位，热值＞3300KJ/kg时，不需加辅助燃料	从无害化角度，垃圾中可生物降解为无机物≥10%，从肥效出发应＞40%
最终处理	无	仅残渣需作填埋处理，为初始量的10%	非堆肥物需作填埋处理的，为初始量的20%～25%
产品市场	可回收沼气发电	能产生热能或电能	建立稳定的堆肥市场较困难
建筑投资	较低	较高	适中
资源回收	无现场分选回收实例，但有存在可能	处理工序可回收部分原料，但取决于垃圾中可利用物比例	焚烧
地表水污染	有可能，但可采取措施减少可能性	在处理厂区没有，但在炉灰填埋时，其对地表水污染可能性比填埋小	在非堆肥填埋时与卫生填埋相仿
地下水污染	有可能，虽可采取防治措施，但仍然可能发生渗漏	灰渣中没有有机质等污染物，仅需填埋时采用固化等措施，可防止污染	重金属等可能随堆肥制品污染地下水

（续上表）

内容	卫生填埋	焚烧	堆肥
大气污染	有，但可用覆盖压实等措施控制	可以控制，但要控制毒物产生量	有轻微气味，污染指标可能性大
土壤污染	限于填埋场区	无	需控制堆肥制品中重金属含量

3. 调查了解固体废弃物的经济价值。

在开展活动期间，我们分小组分别访问及考察了某中学垃圾回收站、新安街道五区菜市场和龙华镇的垃圾回收站等。中学的垃圾回收站主要是回收同学们喝完后的矿泉水瓶、汽水罐及一些废纸，据说实现价值为每月 1000～1800 元。而龙华镇某些收购站主要是从一些工厂回收一些废旧或不合格的零部件（主要是金属和塑料），进行分类后再运到其他相应工厂加工，实现的价值由市场决定。下面是对新安街道五区菜市场和龙华镇某收购站的调查分析：

垃圾中有宝。

新安街道五区菜市场固体废物调查分析表

	可利用	不可利用
品种	竹筐、弃铁、废纸	胶袋、干电池
数量	比较少，有人回收	特别多
影响	较挡路，要及时回收	不可循环利用，破坏环境
价值	按各类品种，随市场价格购销	没有价值

龙华镇某收购站固体废物调查分析表

品种	有色金属（五金厂）、塑料废品（塑料制品厂）、皮革或废纸、碎布（制衣厂）、油酸类（化工厂）
数量	由工厂来料，加工成品后，剩下的废品实际数量由工厂生产量来决定
影响	必须有合理工作经验和人员受理，否则会污染环境
价值	按各类品种，随市场价格购销
经营方式	由各收购者将废品收购后，堆放保管，再由工厂回收，制造成材料

4. 调查了解固体废弃物对环境的影响（以干电池为例）。

干电池是我们日常生活中用得最广泛的商品之一。照相机、录音机、计算器、电子闹钟、电子辞典和掌上电脑等，都离不开干电池。干电池的生产，需加入一种有毒的物质——汞或汞的化合物。这种物质污染性非常严重，且范围广，清理难。这里有一个实例。40多年前，在日本九州南部的一个沿海小镇——水俣镇，当地居民中出现了一种奇怪的病。患者开始口齿不清，步态不稳，四肢麻痹，最后全身痉挛，精神失常，在痛苦的折磨中死去。后来染上这种疾病的人越来越多，甚至连猫和海鱼都出现了同样的症状。后来，医务工作者从死者的尸体和海鱼体内发现了有毒的甲基汞，证明了人是吃了被污染的鱼而中毒的。经过调查，原来是当地的日本氨肥工作公司常年向水保湾排放含汞废水，使海水受到了汞的污染，当地捕捞的海产品中都含有高浓度的甲基汞。

五、我们的建议

1. 教育城市居民提高对城市生活垃圾处理的重要性的认识，并制定相应的法规，要求居民将生活垃圾分类袋装，做到分类收集、分类运送。

2. 减少城市生产垃圾发生量的主要措施是：控制城市人口的增长，提高废品回收率，增加气体燃料的供应，增加半成品供应。

3. 采用矿物加工技术和设备回收再生大部分有用的物质（占 $50\%\sim80\%$），将剩余的小部分不能回收的物质（$20\%\sim50\%$）分别送去卫生填埋、焚烧或堆肥等，真正做到城市生活垃圾处理的无害化、减量化和再资源化，并节省大量的投资。

4. 加大对城市生产垃圾处理的投资力度。实行垃圾管理制度化，成立垃圾处理公司。有关各方要通过合同、法律条款对垃圾处理进行制度化的管理，可向居民征收一定的垃圾处理费，对企事业单位亦收取垃圾处理费，促进城市垃圾环卫制度的良性发展。

5. 鼓励并支持个体有执照经营者收购品种零星、价格低的废旧物资如牙膏皮、废蜡纸、鲜牛奶袋、饮料袋、物品包装袋等。包装袋循环利用，简化包装，重视二次资源的应用，不但可缓解原料和能源的不足，还可净化城市、保护环境、减少垃圾污染。

6. 从小朋友的环境保护意识、环境保护行为的教育开始，培养出爱惜环境、热爱环保的一代又一代合格公民。

六、活动体会

1. 对固体废弃物的处理方式及其实现的经济价值有了初步了解。

2. 加深了对所学知识的理解，锻炼了同学们运用知识和联系社会生活实际的能力。

3. 增强了环保意识，强化了环保行为。

4. 增进了同学们之间的友谊，增强了团结协作的意识。

5. 增强了社交能力和分析、解决问题的能力。

6. 如再有机会，我们有信心比现在做得更好。

我们收获的，不是"垃圾"，都是"精品"。

七嘴八舌

A：我真是佩服这些同学的勇气，他们敢到臭气熏天的垃圾站去考察、访问！

B：想不到外表鲜亮的电池对环境的危害有那么大，可是我们城市里的电池专用垃圾桶少之又少，大部分的废电池还是随生活垃圾一起倒掉了。

科学探究需要奉献精神。

C：我觉得他们还可以去采访一下那些随处可见的"城市拾荒者"，他们也许很了解哪些垃圾有回收利用的价值。

D：他们有没有去垃圾处理厂参观？垃圾焚烧或填埋会不会引起新的环境污染？

不用庵了解牛，只需解剖麻雀。

E：我觉得这个课题太大，对于中学生来说很难进行这么系统的研究，还不如选取其中的一个小课题，如"废旧电池的回收利用"等。

F：我很想知道该课题小组成员的分工合作情况，以及他们的活动记录，这样显得更真实一些、确切一些。

真实再现探究过程以飨读者。

G：……

教师评析

1. 收集资料的途径比较广：同学们通过查阅资料，了解了固体废弃物的主要种类和来源；通过实地调查，了解到固体废弃物的处理方式和回收价值。

2. 情感、态度、价值观有升华：在调查研究的过程中，对环境污染的深切体验和感受，必然会强烈震撼着同学们的心灵，从而引发他们保护环境的责任感和使命感。从他们所提出的精彩建议中，可见一斑。

3. 选题过于宽泛：导致同学们调查的方法、方式、内容等都存在局限，分析、比较、归纳、总结出来的材料还较简单，比如可以更深入地探究某一类垃圾的处理方法。但完全可以相信，这次活动对于他们今后的学习、生活、工作等都会有着积极的影响。

援助站 ④

当你茫然无措的时候，请来……

房屋的建筑质量是如何检测的

蔡思媚　陈桂娜

指导老师：刘晓晴

一、课题提出

一个星期五的下午，我们和往常一样去上选修课——物理背后的思想与方法。

还没到教室我们就听到"隆隆"的机器声。进教室一看，原来有几个人在用一台大约一米四高的机器在钻墙，墙上的墙灰被刮出了长方形的一块。一时间，教室里尘土飞扬，声音震耳欲聋。我们只好围在门边，不知如何是好。这时，老师来了，过了不久那几位仁兄也大功告成了。只见他们从墙上钻出一个直径大约8厘米，高10厘米的混凝土圆柱，用粉笔在侧面写上"#7"。老师见状便上前问了许多的问题，诸如"你们是干什么的啊"、"这是用

> 处处留心皆学问。
> 所见所思即所得。

来做什么的呀"，得知他们是来测定房屋质量之后，老师又继续发问道："你们是怎么检测的?""用什么仪器?"王工程师一一给予了解答，在王工程师的回答中，有许多我们听不懂的专业术语，例如"回弹仪"、"柔压法"等等，我们心中虽然有千万个问题，也没有轻易问出口。

正当我们为终于可以开始上课而暗自高兴时，老师却对我们很不满，她问道："你们知道什么是回弹仪吗? 什么是柔压法?""不知道为什么不问呢?""学习，就是要学会从生活中发现问题，学会从生活中找到答案。如今既然有这么好的机会，你们为什么不好好把握呢?"我们一时间张口结舌，不知该如何回答。"好吧，"老师发言了，"今天的课改为探讨刚刚的几个问题，有什么问题你们尽管'缠'着那几位工程师吧!"我们在大吃一惊的同时也不禁暗暗为老师这种大胆的教学作风而感到钦佩。

各个小组立刻带着满腔的热情四处搜查起来……

二、研究目的

1. 了解工程师是怎样检测房屋质量的。

2. 通过亲自参与研究过程，寻找答案，得出结论，体验研究与发现的乐趣，体现自己的价值。

三、研究内容

1. 怎样进行房屋检测?

2. 检测房屋质量主要使用哪些仪器?

3. 房屋的质量不过关，有什么补救的方法?

四、研究过程

1. 我们围着王工程师问了许多问题，王工程师耐心地一一给我们作了详细的解答。

2. 我们上网查找相关资料，并且特地寻找回弹仪的资料，我们想找回弹仪的构造图，结果只有不少回弹仪公司的产品图，大概回弹仪的构造属于商业机密。不过我们在网上找到了其他的资料。

3. 我们走访了工程质量检测中心，在工作人员的帮助下，终于找到了回弹仪的构造图。

4. 整理所收集的资料，撰写研究报告。

五、研究结果及分析

1. 房屋检测的过程。

（1）确定要检测的梁柱构件。找到要检测的建筑物平面图，数出共有多少根梁，多少根柱子，分别抽取这些梁柱总数的 10% 作为检测对象。被抽取的梁、柱还要分为主梁、侧梁，以及主柱、支柱等，每样按比例抽取。这次对学校科技楼的检测，总共抽取了 10 根柱子、13 根梁。

（2）使用回弹仪进行测试。首先刮去要检测梁柱上的墙灰，使回弹仪可以直接接触梁柱混凝土，每个检测点大约要留出 20cm×20cm 的位置。

因为要在每根柱子上选取 5 个样点，分别读出数据后再取平均值。同时，每个检测点之间需要离开一定的距离，所以每根被检测的梁柱要被刮去大约 100cm×100cm 的墙灰。

（3）钻芯取样。房屋长时间使用后，混凝土梁柱表面会碳化，使用回弹仪在它的表面测试，结果会有一定偏差。通过钻取混凝土芯样，并对其强度进行更准确地测试，不仅可以得到所测柱子的真实数据，还可以对回弹仪所测数据进行修正。

我们那天在教室里看到的就是钻取芯样的过程，看到的混凝土圆柱就是芯样。我们发现，正如王工程师说的一样，芯样的表面比较黑，比较密集，那就是碳化结果。

钻取芯样前，要确保避开墙中的钢筋，要运用电磁感应的方法。那天工程师使用的是超声波磁感探测仪，他们将超声波磁感探测仪紧贴柱子滑过，电子显示屏上就会有数据出现，据介绍，这些数据就是墙面到钢筋的距离。当数据达到最小的时候，就在该地方用铅笔作一个记号，这样，便可以在钻取芯样的时候避开钢筋了。

钻取芯样的数量不应少于 6 个，每个检测梁柱钻取一个芯样，直径 10cm。钻芯机的钻头是金刚石，钻取时要不断地泼水，以免机器与墙摩擦过热。

（4）柔压法检测混凝土强度。听王工程师说，带回去的芯样，要先将碳化的部分切掉，使芯样成高 10cm，再用柔压法检测强度。柔压法，顾名思义，就是慢慢地增加压力，直到样品被压碎为止。这时的压力强度，便是其混凝

在全校学生中选择体检对象。

撸袖子。

抽血。

B超。

骨密度测试。

土的抗压强度。

2. 房屋质量不过关时的补救措施。

(1) 对于严重超标的房屋要拆了重建;

(2) 对于超标不甚严重的房屋可以通过加粗柱子的直径、增加柱子的数目来达到减压的目的。

3. 回弹仪的构造和使用。

回弹仪主要是由一根撞针、一个弹簧、一个电子显示屏、一个撞锤组成的。检测时,将回弹仪水平放置,撞锤撞击撞针,撞针撞击柱子的瞬间发生反弹,压缩弹簧,电子显示屏就可以读出一个数据来。

水平弹击时,弹击锤脱钩的瞬间,回弹仪的标准能量为 2.207J。1J 大概是一个人将两个鸡蛋举高一米时耗用的能量。别以为它很小,王工程师告诉我们一般的手枪里的撞针的能量也不过是 4.7J 左右而已!

测定回弹值时,应取连续向下弹击三次的稳定回弹平均值。弹击杆应分四次旋转,每次旋转宜为 90°。弹击杆每旋转一次的率定平均值应为 80±2。

治疗。

六、研究收获和体会

1. 达到了我们最初的目的:知道了如何进行房屋检测;房屋检测有几种方法;何谓"回弹仪"、"柔压法";相关仪器的工作原理和构造;以及房屋的质量不过关,有什么补救的方法。

2. 提高了我们的学习兴趣,激发了我们进一步研究的欲望。

3. 学会了更多的知识,觉得自己主动探索所获得的知识比老师直接讲解所获得的知识印象要深刻得多。

4. 锻炼了与人合作和交往的能力。比如通过外出访问专家,学会了一些访谈的技巧;小组成员之间如何沟通、理解等等。

5. 学会了怎样从多种渠道查找资料,特别是怎样上网搜索信息。

6. 学会了怎样分析、处理和利用资料。比如怎样做摘录、提要,怎样综合、概括这些摘录和提要,撰写研究报告等。

七嘴八舌

A：有"回弹仪"的构造图吗？如果有，贴出来让我们也见识一下嘛。

B：看来建筑质量的检测并不是很难的事情，给咱自己家也做个"体检"就可以安枕无忧！

C："超声波磁感探测仪"挺神！乘飞机过安检时使用的也是这个吗？

D：房屋质量不过关的原因是什么呢？我觉得这个问题更值得探究！

E：……

教师评析

1. 选题极具价值：房屋建筑是百年大计，建筑质量的监控与检测是杜绝"豆腐渣"工程的重要手段。此课题具有显著的科普意义和深刻的社会意义。

2. 激发了学生的研究性学习兴趣：工程类课题本是比较枯燥的，而且与高考也毫无关系，但同学们的眼睛不应该只盯着书本，更应该注意生活中的真实情境。毕竟，我们学习的最终目的不是为了答出考题，而是为了解决我们生存的实际问题。

援助站 ⑤

当你茫然无措的时候，请来……

推杆驱动式轮椅的诞生

谭彦轲

一、作品名称

推杆驱动式轮椅。

二、设计动因

在观看北京残奥会轮椅篮球赛的时候，我注意到，在激烈的比赛中，运动员的手很容易受伤，接下来我便仔细观察了轮椅的结构，发现传统轮椅要用手直接转动轮圈，无论是前进、后退、还是急停都不太方便。有没有更好的驱动方式呢？

于是，我萌发了一个念头——设计一款更方便残疾人使用的轮椅。

三、制作过程

从哪里入手呢？我疑惑着。一天，看到一件很特别的工具——棘轮扳手，把它的手柄来回扳动，扳手上的螺丝帽总是沿同一个方向转动，只进不退。心想，能不能将这种原理应用到轮椅上呢？

我把发现和想法告诉爸爸，爸爸也很有兴趣，带我去他朋友的自行车厂，请教工程师。我把设想告诉他们：在普通轮椅的轮轴上增加一个棘轮手柄，使驱动方式由转动轮椅前进，变为用手推拉手柄前进。大家一起画出了轮椅的效果图，商议了制作方案。

工厂开始帮我制作了。制作的过程中，我多次和工人详细交流，让他们了解我的意图与想法，其间我还对原设计进行了几次修改。经过一个星期，我设想的轮椅模型制作出来了，我把它命名为：推杆驱动式轮椅。

四、作品介绍

该作品在普通轮椅的轮轴上增加了一个棘轮手柄，使驱动方式发生了变化：由转动轮椅前进，变为用手推拉手柄前进。这种设计较新颖，其创新点在于把棘轮扳手原理应用于轮椅的驱动上，改善了人机关系。同时，将自行车的刹车系统应用到轮椅上，对轮椅的刹车方式做了改进，使得轮椅的刹车既灵敏可靠，又避免了对轮胎橡胶的磨损。

七嘴八舌

A：这是一个的成果吗？其他参与制作的人员名单、分工应该列出来吧！

B：制作过程的记录不够详细。

C：应该多一些图示。如：整体效果图、关键部位的分解示意图、驱动及刹车原理示意图等等。

D：也许涉及发明专利的保密性？

E：……

教师评析

　　谭彦轲同学为轮椅的驱动革新提出了新思路，具有先进性和实用性，在实践中锻炼了创造性思维，还提高了实践能力。

　　本次设计的不尽如人意之处，在轮椅的驱动效率、后退及转向的灵敏度上，如果能进一步地分析、设计、制作、试验、优化，相信一定可以得到更为成熟的产品设计方案。

　　建议：是否可以把自行车上的传动系统运用到轮椅上？自行车上的传动系统是一种很成熟的系统，外加链条盒也很安全，自行车的脚踏方式可改为手摇方式，能提高驱动效率，可以爬坡，也可娱乐健身，还可考虑多种驱动方式交替使用。

　　轮椅的革新有多方面的课题，比如能源形式、结构（外观）、功能等。作者可继续探索实践，研制一款更完美的产品。
（程大威）

援助站 ⑥

当你茫然无措的时候，请来……

我与数位板的约会档案

周天绘

　　时光飞逝，转眼人类已进入崭新的信息时代，高新技术已渗透到了各大领域，各种新型电子产品如雨后春笋般冒了出来，甚至泛滥到"遍地都是"的地步。当然，制图亦毫不例外。遥想当年，我们的祖辈们曾在岩洞里用畜血涂鸦，聚焦眼下，信息时代的绘师们正手持一支电子笔在电脑上拼凑着五颜六色的像素点，同样的艺术创作，技术的发展实在是让人"侧身西望长咨嗟"哟。

囧中"潇洒"

数位板，或更通俗地说，手写板，这个薄薄方方的玩意儿看似无过人之处，但它可是造福了人民大众啊（夸张了点）。方便环保，还有电子绘特别的一键撤销的好处，完美地解决了纸张浪费和鼠标绘图手感拙劣的问题。

我用的第一块数位板是汉王，当然并不是专业绘图板，可是对于一直窥伺着却搞不到手的我来说，能买回来就已经是天降甘露，所谓"那一瞬，大地回春，百花齐放，我亦飘飘然也"，看来就是这种感觉。

好不容易弄到手，却发现时机欠佳——鄙人下学年就升初三了，用现在网络上流行的一句话来说，那就是一个"囧"字（无奈啊）。恨晚之时，突然想到，何不作图一幅，以迎吾初三生活乎？此乃两全之计也，虽有点牵强，然电脑已开，绘板已备，连东风都不欠了，干脆一不做二不休，开工算啦。

这幅图连线稿都没打，直接开始堆色块，反正成品一般也看不到线，偷懒之行何不为之，哈哈。况在下已"时日不多"，剩下时间要全力以赴冲刺初三，遂大块勾描之，美其名曰"潇洒"。静夜寂寥，四下悄悄，唯风过哗哗，虫鸣啾啾。由于长时间工作不堪虐待的主机发出了嗡嗡的抱怨之声，转眼已过几小时。定睛一看，在几个花里胡哨的图层的叠加之下，一个Q版小人儿跃然纸上，虽然仍显粗糙，但总体还算对得起我这可怜的发热的电脑。大功告成，只剩点题，遂书"初三！加油！"四字，以资鼓舞也。至此，幸甚至哉，画以咏志！

五分钟佳人俏生

转眼以至六月中旬，眼看就要到同学 Alice 生日。今年过节不收礼，收礼也非脑白金，毕竟我也买不起。送点啥呢，这是一个问题。毕竟该同学非众人也，其才女也，又具雅兴也，全然不是什么小装饰品能打发得了的。年年相框挂扣相赠，未免太大众了点，然而只真心祝福一句"愿君快乐"，又有容财轻友之嫌，正在冥思苦想之时，忽见书桌上摊着一块灰不溜秋的薄板——OK，就画幅画吧，虽是费了咱一番心血，但不失雅兴，这个决定还比较靠谱。

正要开工，Painter 还慢慢悠悠地没加载完，抬头忽见日历，惊现"六月十五"，遂出一身冷汗，我的天，明儿便是 Alice 大寿也。此时此刻，我似乎体会到了赤壁下正被火烧的曹操同志的心情……

时间就是金钱，时间就是生命，时间决定了一切，所以，今时今日，要出精工，绘美图，必然造成我金钱与生命的双重浪费也。然而图不在细，重在巧焉，三两勾画，亦能生妙焉。借助 Painter 强大的画笔资源与脑中灵感，只消五分钟，佳人已在，意蕴亦生。人道是，绝妙至美女子，无妆亦娇，婀娜娉婷，芳姿玉臂，无可比淡淡忧愁。易安叹"应念我，终日凝眸"，却不知更甚者，"才下眉头，却上心头"。略去繁垆细致，不见柳眉凤眼，却在朦朦胧胧中邂逅清雅佳人。此在下所谓"妙"也。想必此图送出，Alice 必一展笑颜吧。

Usagi 的万圣节礼物

刚从太平洋那边儿返回祖国，可谓身心疲惫，可带回来的宝贝却让我兴奋不已！现在我已经升入高二，真是岁月如梭也。时光催人老，但在此之前肯定是先"催物老"——我的汉王数位板虽想要老骥伏枥，志在千里，只可惜它已接触不良，寿终正寝，不过也算是服役多年，功德圆满了。而我呢，在痛惜一番之后，又把"新欢"抱回了家，希望那位退役绘板不要暗地里咒骂我"假惺惺"。

本次登场的是 Havon 专业绘图板，虽然听起来译音也很像汉王，但是其间是否有血缘关系，我也不清楚，也许 Havon 是其美国的远房亲戚吧。躺在床上，在下止不住偷乐：哈哈，终于要告别鼠绘（鼠标绘图）的痛苦日子啦。

突然想到，这不是快到万圣节了吗，各大 BBS 绘图板块的主题征图活动一定蓄势待发了吧，此乃良机也，正好测试新绘板的性能。一想到万圣节，脑袋里马上出现了几个关键词：魔女，吸血鬼，南瓜，糖。唉哟，年年如此，岁岁相似，何不出些新意？本人笔名 Usagi，那就画只亲切可人的兔女郎吧，万圣节的化装游戏里，当然也少不了各种"×女郎"啦。当然，橙色与黑色的经典搭配还是不能变啊，毕竟这是属于"南瓜与黑夜"的节日。

借着新工具与万圣节的兴奋劲儿，我不知不觉开起了夜车，更甚的是，一不小心使其演变成了长达 4 个小时的拉力赛……上帝赐予我们白天与黑夜，黑夜就是要睡觉的，上帝啊，希望您在充分理解的基础上原谅在下这种占用神圣的睡觉时间来画图的行为吧。毕竟，就是基督徒也是要庆祝万圣节的啊。

深夜的天空其实是很美的，月亮用柔和的光展示着她的温柔，在漫天星辰的注视下，万圣节的兔女郎终于完成了。点开邮箱，希望这张图能带着我的祝福，随着这封短短的邮件传达给远在大洋彼岸的姑姑吧。

当然最后的最后，也祝上帝您老人家节日快乐。

"班服"诞生记

最近似乎特别流行搞班服，高一的时候，班上同学似乎都不太感冒，各自忙着学习，在下也只能干看着其他班上的同学摆脱穿了快十年的白花花的校服。天不负人愿，终于能让我设计一下班徽了，却是帮别的班设计，想想不由觉得可笑也。

上了高二，分了新班，似乎感觉不同。果不其然，新任班干很有心思，连哄带骗把"同意"票数搞到了过半。

于是，我终于迎来了人生的第一件班服，真是无比的大事。原想坐等成品出炉，谁知团支书带着一脸很有意味的笑容慢慢地向我走来，"宣传委员同学啊，我有一件好事要告诉你"。当然，这个好事的内容我已略略猜到，那便是班服的设计工作。晚上回家，步履沉重，表情凝重，总而言之，任务很重，需严肃对待。毕竟这次我笔下的成果，是要穿到大家身上去的，代表了咱班级的形象，万万不可似从前信笔涂鸦。端坐电脑前，手握鼠标，心情紧张，至于设计工作，毫无进展，终于，十分钟被浪费过去。突然想到，似乎二班班长也把这项任务交给了我这个外班人员，可见她对我的信任程度颇深，这样一来，便是来自组织内外的双重压力。我说啊，我这个人还是喜欢随手乱涂多一点，这个严肃认真的东西，似乎不好处理，干脆先随手画两笔别的吧。

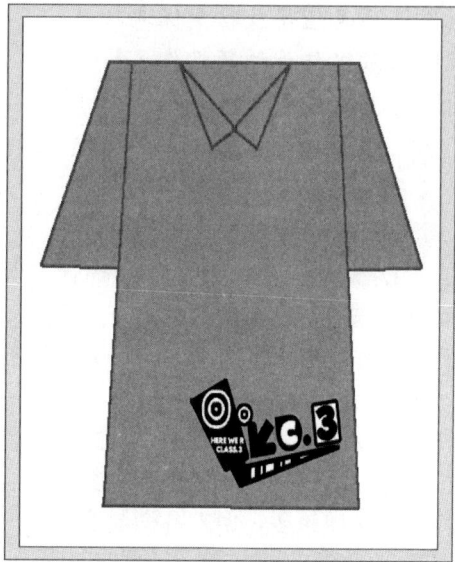

既然是涂鸦，干脆直接拿鼠标操作，乱涂之际，画布上的东西似乎越来越有意思，远观之，颇具现代感，虽然有些抽象，但也不妨一试，遂改造之，经过去粗取精，左添右改，在下发现这个小图案，似乎还挺符合班服装饰的要求嘛！看来，灵感还是伴随着动手而生的，紧紧张张地坐于台前苦思，实则是无用功。

加上了简单的 T 恤轮廓，一幅完整的设计图诞生了。次日拿到班上，看到在座各位"评委"们大多露出了"合格"的笑颜，鄙人在偷笑之际，还是松了一口气哟。

至此，我与数位板漫长的约会已有五年之久，虽然这个"漫长"还显得很短，但时间还长，不管是数位板这个现代新科技的产物，还是狼毫薄宣丹青朱红这些传统绘图工具，它们都将伴随我，一直走下去。

七嘴八舌

A：好的创意是设计成功的一半。

B：这也是研究性学习？

C：这还真值得放档案保存！

D：这可以作为结题报告了！

E：这可比报告更生动。

教师评析

1. 对研究性学习过程的描述全面、客观：有产品介绍，有操作描述，有心情记录，有成果展示，如同讲故事一样，对几次创作过程娓娓道来，恰好体现了档案袋评价的特点。

2. 作者呈现的几幅作品，具有一定的创意和特色，说明作者的绘画功底是不错的，对数位板的使用也比较熟练。

3. 创意设计思路反映不够详尽：谈感受居多，谈实际操作少，字数虽多，但内容稍显空洞。